Refondre un site web

DU MÊME AUTEUR

I. CANIVET. – **Bien rédiger pour le web.**
N°14110, 4e édition, 2017, 730 pages.

I. CANIVET. – **Référencement mobile.**
N°13667, 2013, 448 pages.

I. CANIVET, J.-M. HARDY. – **La stratégie de contenu en pratique.**
N°13510, 2012, 170 pages.

DANS LA MÊME COLLECTION

M. WIESEL, J. COHEN – **L'UX Design en pratique.**
N°67884, 2020, 248 pages.

A. VISONNEAU. – **Stratégies de design UX, 2e édition.**
N°67754, 2020, 288 pages.

A. BOUCHER. – **Ergonomie web et UX Design, 4e édition.**
N°13736, 2020, 304 pages.

A. BOUCHER. – **Expérience utilisateur mobile.**
N°14025, 2015, 286 pages.

L. DANTHON LEFEBVRE. – **33 bonnes pratiques en UX Design.**
N°67848, 2019, 176 pages.

C. LALLEMAND, G. GRONIER. – **Méthodes de design UX.**
N°67398, 2e édition, 2018, 712 pages.

A. MARTIN, M. CHARTIER. – **Techniques de référencement web.**
N°67607, 3e édition, 2018, 540 pages.

S. DAUMAL. – **Design d'expérience utilisateur.**
N°67456, 3e édition, 2018, 224 pages.

D. ROCH. – **Optimiser son référencement WordPress.**
N°67429, 3e édition, 2017, 370 pages.

A. MARTIN, E. DEMANGE. – **Stratégie de contenu e-commerce.**
N°14404, 2017, 360 pages.

DESIGNWEB

ISABELLE CANIVET

Refondre un site web

Les clés de l'architecture de l'information

ÉDITIONS EYROLLES
61, bd Saint-Germain
75240 Paris Cedex 05
www.editions-eyrolles.com

Aux âmes qui me grandissent. Éliza, Alexandre, Azzaro, Gucci et Nala.
À mon dauphin d'époux qui éclaire ma vie, Jean-Marc.
À la Vie. Au sens qu'on lui donne.
À la liberté d'être.
À tous ceux en chemin.

Table des matières

CHAPITRE 6
Concevoir l'architecture d'information ... 55

CHAPITRE 7
Les livrables de l'architecture ... 99

Avant-propos

À qui s'adresse ce livre ?

Ce livre s'adresse aux managers et aux équipes du département web, aux entrepreneurs, aux institutions, aux PME et multinationales, et plus précisément à l'architecte d'information, au chef de projet, webmaster, chargé de contenu, de marketing, de communication, de SEO, au développeur, au directeur des systèmes d'information et à l'ergonome des sites Internet et intranet.

Quel est l'objectif de ce livre ?

Ce livre veut transmettre les grandes étapes d'une refonte d'architecture d'information pour structurer le travail tout en fournissant les pièges à éviter. Il expose les nombreux avantages d'une arborescence bien pensée pour aider les décisionnaires à faire les bons choix.

Quand lire ce livre ?

Avant, pendant ou après les premiers symptômes « d'architectite » aiguë dont voici quelques signes avant-coureur :

Le visiteur ne trouve pas l'information sur le site, autrement dit, il se peut que l'architecture n'ait pas pris en compte les besoins du visiteur ou qu'elle ne réponde pas à sa logique. Il quitte alors le site, très frustré.

L'information est dupliquée, le contenu se retrouve sous différentes rubriques ou différents sites, ce qui multiplie des coûts de gestion et de maintenance, tout en générant de la confusion chez le visiteur.

La qualité du site laisse le visiteur sur sa fin, par exemple le contenu est incomplet ou il est éparpillé, ce qui implique de revoir l'arborescence sur le fond suite au rajout, à la fusion ou au déplacement de pages.

Le site souffre d'obésité et il est temps de changer de régime. Trier, supprimer, archiver, fusionner… feront partie des prescriptions avant de mettre en place une nouvelle façon d'alimenter le site.

Le moteur de recherche n'est pas pertinent, à tel point qu'on se demande parfois s'il ne va pas chercher chez le voisin tant les résultats sont à côté de la plaque.

Il est temps de changer tout ça.

Remerciements

Les premiers vont à l'équipe formidable des éditions Eyrolles et en particulier à ceux qui m'ont accompagnée dans cette nouvelle aventure : Alexandre Habian, Emmanuelle Pasquier, Manon Pouch et Gaël Thomas.

Je rends grâce au deuxième Dauphin Jaune, mon époux et associé Jean-Marc Hardy, ce drôle d'oiseau avec lequel je traverse les océans depuis des vies, la tête dans les étoiles et les pieds sur la terre… Et un hommage à mes compagnons d'âme, Azzaro, Gucci et Nala.

Mes chaleureux remerciements à nos clients avec lesquels, bien au-delà d'une relation commerciale, nous aimons construire une belle aventure humaine. Ils sont notre essence et notre moteur…

1

Architecture d'information ? C'est cela...

Qu'est-ce qui se cache derrière ces jolis mots : « architecture d'information » ?

Sans enfermer cette notion en y collant une étiquette, je dirais qu'il s'agit d'une activité qui consiste à organiser toutes sortes d'informations (sites web, intranets, documents, images, vidéos, podcasts, applications, métadonnées, etc.) en catégories bien étiquetées et reliées entre elles, de sorte que l'utilisateur trouve ce qu'il cherche et atteint son objectif, tout en remplissant les objectifs de l'entreprise.

L'architecture d'information s'appuie sur le contenu, le contexte et les utilisateurs.

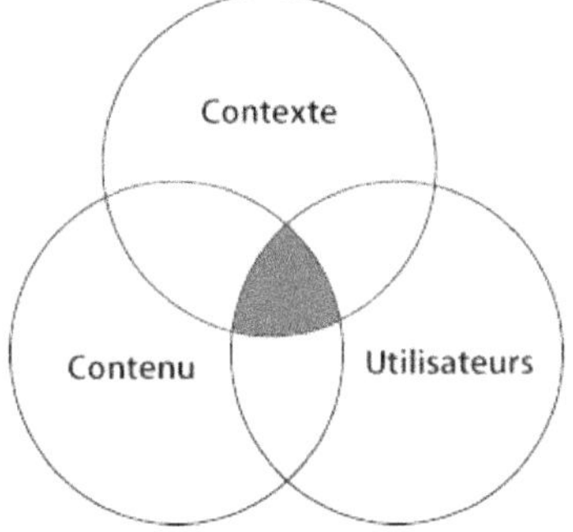

Figure 1–1
L'architecture d'information est à l'intersection du contexte, du contenu et des utilisateurs.
Source : Yellowdolphins.com

Dans ce diagramme :

- le contexte se réfère aux objectifs de l'entreprise et à l'environnement (technologique, ressources, financier, politique, légal, culturel, etc., et les contraintes) ;
- le contenu englobe la masse de données en ligne, hors ligne et à venir ;
- les utilisateurs correspondent à la cible, à ses besoins et à ses comportements en situation de recherche.

Plus personnellement, j'ai toujours expérimenté l'architecture d'information comme une activité qui conjugue l'endurance du marathon, la précision du lancer de javelot, la complexité des règles du basketball, mais aussi la créativité, l'expérience et l'intuition. C'est aussi un métier à risque car classer quelque chose, c'est le limiter. C'est un métier de compromis qui demande de plier dans la rigueur. C'est un métier aux contours flous, sans doute, car on touche un peu au contenu, à l'ergonomie, au développement, au graphisme, au référencement, et c'est sans doute pour cette raison que j'aime autant concevoir des architectures.

Si revoir l'architecture d'information d'un site Internet ou d'un intranet est un risque, placer l'utilisateur et l'entreprise face à une architecture d'information malade l'est tout autant et surtout, cela a un coût !

Sans être limitative, voici une liste de problèmes qui découlent directement d'une mauvaise architecture d'information.

L'accès à l'information

Le degré de pertinence d'une architecture d'information peut se mesurer en fonction du temps passé pour accéder à une information, et en observant le taux de succès, d'hésitation, d'erreurs et le taux d'échec. Combien de fois une personne prendra son téléphone plutôt que de chercher sur un site à l'architecture défaillante, mobilisant ainsi le service commercial ? Combien de tâches, documents ou projets sont conçus en double, à cause d'une erreur de classement ? Quel est le coût de toutes les mauvaises décisions que prend une organisation faute d'avoir eu accès à la bonne information ? Combien de fois une personne quitte un site, découragée, n'ayant pas trouvé ce qu'elle cherchait ?

Illustrons ce coût ou ce manque à gagner avec un simple exemple. Si chaque employé perd 5 minutes supplémentaires par jour à chercher une information sur l'intranet, sur 220 jours ouvrable par an, cela représente 1 100 minutes par an, soit 18,3 heures ou 2,61 jours de travail. Sur 1 000 employés, ce temps de recherche atteint les 18 333 heures, 2 619 jours de travail de 7 heures.

Facteur	Coût
Temps perdu suite à un problème d'architecture d'information	5 minutes /jour
Temps perdu sur un an par employé (5 mn / jour × 220 jours / an)	1 100 minutes (18,3 heures / an)
Coût par employé (50 € / heure / employé, incluant les charges et bénéfices)	915 euros / employé
Nombre d'employés touchés par le problème	1 000
Coût total suite au problème d'AI	915 000 € / an

Dans une grande entreprise de quelques milliers d'employés, Jakob Nielsen a fait une étude du retour sur investissement d'un projet d'architecture de l'information pour l'intranet de Sun.

Tableau 1–1 Étude du retour sur investissement d'un projet d'architecture de l'information pour l'intranet de Sun
Source : https://www.nngroup.com/articles/intranet-portals-the-corporate-information-infrastructure/

Facteur	Coût
Temps perdu suite à un problème de design (déterminé par tests utilisateurs)	10 secondes / occurrence
Temps perdu sur un an par employé (10 s / occurrence × 3 occurrences / jour × 200 jours / an)	6 000 secondes (1,67 heure / an)
Coût par employé (50 euros / heure / employé, incluant les charges et bénéfices)	83,33 euros / employé
Nombre d'employés touchés par le problème	5 000
Coût total suite à ce problème de design	416 650 euros / an

En appliquant ce type d'approche aux portails intranet, Jakob Nielsen indique que « le coût d'une piètre navigation et d'un design pauvre est... d'au moins 10 millions de dollars par an en perte de productivité pour une entreprise de 10 000 personnes ».

La refonte d'un site

La réalisation d'un nouveau site représente un coût important, depuis sa conception jusqu'à sa mise en ligne, sans compter le coût lié au changement et à la formation.

Une fois en place, un site gagne à entrer dans un cycle d'amélioration continue qui se traduit par une succession de microchangements pour traverser le temps. Néanmoins, quand l'organisation du contenu est défaillante, il est difficile de résoudre ce problème et on peut très vite arriver à une gestion de patchs qui, comme les rustines, finiront par lâcher. Et le bateau prendra l'eau.

Parmi ces rustines fréquemment rencontrées, citons les liens raccourcis vers les documents importants et introuvables sans cela, la duplication des pages sous différentes catégories, les pages orphelines, etc.

La maintenance d'un site

La maintenance d'un site et l'absence de maintenance ont un coût.

Mettre à jour, supprimer, archiver, créer... ces actions, gages d'un site « feng shui » où il fait bon naviguer, ne sont que trop rarement dans la liste des tâches régulières à effectuer. C'est ce que devrait contrôler un document de gouvernance qui n'existe pas toujours ou n'est pas respecté.

Le résultat ne se fait pas attendre : très vite, le site souffre d'obésité, de malnutrition ou d'anorexie. Quelle qu'en soit la raison, la création de nouveaux contenus est surinvestie, et la maintenance de l'existant est souvent négligée. Il y a surdose d'actualités, mais 90 % du contenu est obsolète. Certains thèmes sont fort investis, à certaines périodes de l'année, d'autres peu ou jamais abordés. Les contenus ne sont plus mis à jour et c'est finalement l'image de l'entreprise qui en prend un coup. Bref, c'est le chaos…

La refonte peut être l'occasion de repartir d'un bon pied !

Les solutions alternatives

FAQ, hotline, chatbot, customer service, support… tous ces jolis anglicismes ont un point commun : il tente de répondre à des questions qui, apparemment, n'ont pas encore pu être résolues jusque-là parce que le visiteur ne trouve pas l'information.

Si l'intention est louable, le coût peut parfois être exorbitant et la démarche très frustrante pour le visiteur qui est confronté à une logique parfois différente de la sienne en parcourant une simple liste de questions fréquentes (où la sienne n'apparaît étonnamment pas souvent), en essayant la hotline (qui vient de fermer il y a 5 minutes, zut), en passant par le chatbot (complètement à côté de la frappe, il a bu ?)…

Ici aussi, l'image de marque de l'entreprise risque d'en prendre pour son grade et il faudra de nombreuses campagnes de communication, des publicités et du temps parfois pour redorer son blason.

Le référencement naturel

Prenez un exemple : à gauche, l'immeuble A, deux étages et pour arriver dans le bel appartement éclairé de Jean, 25 ans, sportif, plein d'esprit et galant, une large envolée d'escaliers. À droite, l'immeuble B, dix étages et pour arriver dans le studio du jumeau de Jean, 25 ans, sportif, plein d'esprit et galant, un petit escalier raide qui passe par la cave, l'extérieur, un plan complexe à suivre, et l'appartement de ses parents avant de déboucher sur son studio. Chez qui irez-vous prendre le thé, tous les soirs à 17 h ?

À la longue, probablement chez Jean, parce que son appartement est plus facile d'accès. Le robot de Google fera pareil : il aime les accès faciles et les architectures simples.

Une structure complexe, non équilibrée, très profonde où les contenus importants sont enfouis, où les pages ne sont pas reliées entre elles, à l'inverse, freinera la compréhension de votre site par les moteurs et bloquera le référencement.

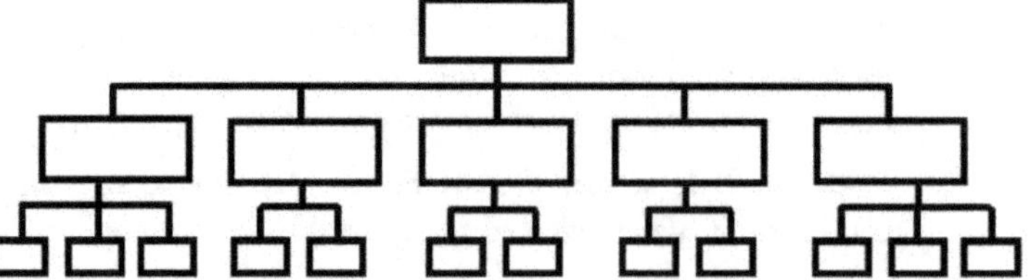

Figure 1–2
Les structures simples d'architecture d'information facilitent la compréhension du site par les robots des moteurs.
Source : https://backlinko.com/technical-seo-guide

L'écologie d'un site

Celui qui sait qu'un clic pour effectuer une recherche sur Google consomme autant qu'une ampoule pendant une heure[1], et qui a envie d'agir de manière responsable pour prendre soin de la planète, sera heureux d'offrir un site bien construit ou de surfer sur un site où le visiteur trouve rapidement l'information qu'il cherche ou le produit dont il a besoin.

Quelle est l'empreinte carbone de votre site web ? Si la démarche vous en dit, voici un outil gratuit pour vous faire une idée : https://www.websitecarbon.com/.

Site intranet : parmi les grands gagnants !

On pourrait penser qu'un site e-commerce a plus d'intérêt qu'un site intranet à offrir une architecture d'information, une navigation, des libellés et un moteur de recherche efficaces parce qu'il est lié à des ventes ? Et pourtant, dans le contexte d'une grande entreprise, deux minutes de temps gagnées par jour en accès à l'information, sur un an, peuvent vite faire gagner des millions...
Lors de la refonte d'un intranet, nous avions mené des tests sur l'arborescence existante et ensuite, sur la nouvelle arborescence proposée. De l'une à l'autre version, le taux de succès a été amélioré de 248 % (de 37 % à 92 %), le taux d'accès direct (sans hésitation) est passé de 64 % à 89 %, le temps pour accéder à l'information a été réduit de moitié (50 %), de 4,78 minutes à 2,50 minutes.

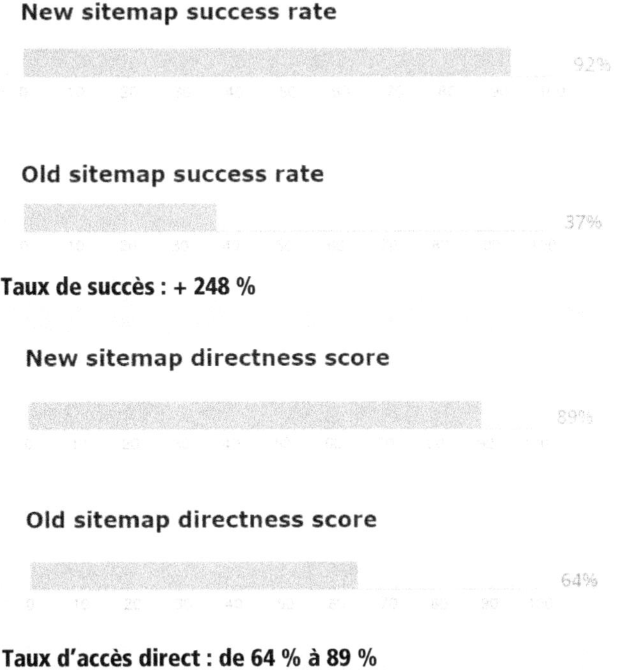

Taux de succès : + 248 %

Taux d'accès direct : de 64 % à 89 %

1. Source : https://www.lefigaro.fr/conjoncture/2010/03/16/04016-20100316ARTFIG00481-les-serveurs-informatiques-ogres-energivores-.php

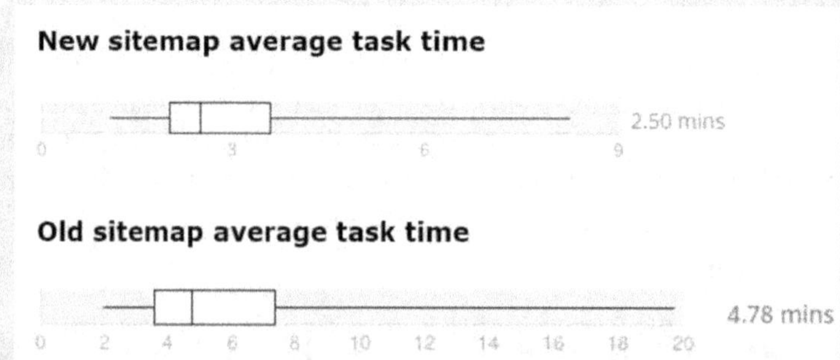

Temps moyen pour une tâche : – 50 %

Au total, pour un intranet comptabilisant 100 000 visites par mois, un temps de visite moyen de 600 secondes par jour ou 1 million d'heures par mois, le coût de l'utilisation de l'ancien intranet se chiffrait à 360 millions d'euros par an. En divisant le temps pour accéder à l'information par deux, on gagnait 180 millions d'euros par an. Ça vous parle ?

2

À quelle occasion refondre l'architecture ?

Si vous tenez ce livre entre vos mains, peut-être êtes-vous arrivé au bout des microchangements et que vous avez décidé de faire le grand saut ? Alors commençons par quelques exercices d'échauffement en énumérant toutes les bonnes occasions qui pourraient pousser l'entreprise à entamer ce chantier !

Le relooking

Le site est un peu vieillot, un peu poussiéreux, il n'est pas *mobile friendly* et il ne reflète plus le formidable dynamisme de l'entreprise. On aimerait lui faire subir un lifting et pourquoi ne pas en profiter pour résoudre quelques légers problèmes d'accès à l'information ?

La simplification de la flotte

Ils ont eu carte blanche et ils ont été prolifiques ! Chaque département a développé son propre site à l'occasion d'un événement, d'un nouveau produit ou d'un service, ce qui a donné lieu à une magnifique constellation de sites, digne de la Grande Ourse. À tel point qu'on n'arrive même plus à les compter. Une vraie galaxie.

Mais voilà, l'heure de la rationalisation a sonné. À partir des 35 sites existants, nous allons en faire un seul, beau, grand et fort !

L'outil de gestion de contenu

Le département Information Technologies (IT) vient de lancer le scoop : il va falloir changer d'outil de gestion de contenu ou migrer vers une nouvelle version de l'outil existant. Et la Com enchaîne dans un formidable enthousiasme : « Chouette, c'est l'occasion rêvée de remettre la structure à plat ! » Bon… J'enjolive un peu, je vous l'accorde.

Une nouvelle activité

Le site vendait des poussettes et bientôt, il va proposer des ateliers de portage pour jeunes mamans, des cafés poussettes et même des conférences pour rester zen en toute situation. Comment dès lors intégrer ces nouveaux services dans la structure et avec élégance ?

La fusion d'entreprises

Ils étaient deux, ils vont devenir un, suite à un rachat ou une fusion, pour le meilleur et pour le pire… Alors que les mariés piétinent d'impatience à l'idée de consommer leur nuit de noces, les sites et leur fusion quant à eux, sont loin de faire des émules. Qui intègre qui ? Que garde-t-on ? Que jette-t-on ? Et comment le dire ? Dans ce délicat travail de réorganisation des contenus, un architecte doté d'une fine psychologie peut aider les jeunes époux à convoler en justes noces.

Les retours clients

Vous leur avez donné la parole et ils se sont exprimés. Parmi les demandes récurrentes des clients, vous trouverez peut-être les points suivants qui vous décideront à lancer un chantier d'architecture d'information :

- Pouvoir d'emblée trouver les produits qui intéressent le visiteur en proposant une catégorie dédiée, par exemple. Imaginez que vous cherchez des poussettes, mais qu'elles sont noyées dans la catégorie qui englobe les auto-sièges, les planches à roulettes, les trottinettes, les voitures électriques, les voyages en montgolfières…
- Donner au visiteur la possibilité d'aller plus loin en proposant des contenus en relation avec sa recherche, par exemple un « Vous aimerez aussi… » qui associera d'autres contenus complémentaires, similaires, populaires : dans ce cas-ci, une réflexion sur l'offre et une catégorisation seront les bienvenues.
- Améliorer la navigation sur le site, en particulier, quand le visiteur arrive de la page de résultats des moteurs de recherche, il est important qu'il puisse d'emblée s'orienter sur le site. Il est important qu'il sache où il se situe dans le site et où il peut aller, en cliquant par exemple sur le fil d'Ariane.

- Avoir un aperçu de l'offre de produits ou services en proposant des pages d'arrivée pour chaque catégorie, une sorte d'étalage des produits. Sur un marché, les maraîchers ne cachent pas leurs légumes dans le coffre de leur camionnette en espérant que vous demandiez s'ils vendent tel ou tel légume, mais ils les exposent plutôt de façon avantageuse.
- Offrir un moteur de recherche avec auto-complétion, où des suggestions de résultats s'affichent au fur et à mesure de la frappe, et qui retourne des résultats pertinents présentés de manière ergonomique et conviviale.
- Proposer une navigation fluide à travers le site, avec des libellés intelligibles, de bons vieux menus de navigation qui s'affichent et restent fixes sans clignoter et disparaître dès qu'on bouge la souris. OK, ça fait un peu années 1990, mais ça reste une valeur sûre.
- Rationaliser les entrées vers des catégories tant au niveau du nom des libellés que du nombre d'éléments affichés, car trop de choix et des choix redondants finissent par perdre le visiteur.
- Trouver les formulaires à remplir en quelques clics plutôt que devoir chercher parmi une foule de pages aux quatre coins du site.
- Avoir toute l'information rassemblée en un seul endroit plutôt que devoir consulter quatre pages différentes pour ensuite recoller tous les bouts, etc.

En clair, l'utilisateur n'attend qu'une chose : un site convivial qui répond à son besoin.

À vous ! C'est l'occasion ?
Les bonnes occasions de refondre un site

3

Lancer le projet

La refonte d'une architecture de site est un projet à part entière. Par où commencer ?

Idée : le pacte de refonte

Et si avant de commencer, vous signiez un parchemin de votre sang autour d'un feu en criant de puissants youyous... Non, je blague... Mais l'idée de signer un pacte de refonte est vraiment intéressante. Il permet de fédérer les acteurs autour d'enjeux clairement énoncés. Par exemple, pour un site institutionnel, les cinq enjeux du nouveau site seraient :

1. Démontrer que nos paroles s'expriment aussi dans nos actes ;
2. Permettre de gagner 10 points de notoriété en 3 ans ;
3. Proposer des expériences de contenu qui n'existent pas ailleurs ;
4. Émerger dans les 3 premiers résultats de Google sur les requêtes cœur de métier ;
5. Faire comprendre notre rôle sociétal à tout un chacun, au-delà des cibles institutionnelles.

Source : Dixxit, Livre blanc - *Refonte éditoriale : l'art et la manière*, 2020

La méthodologie

Rien de tel qu'une bonne vieille méthodologie afin de respecter les délais, le budget et les ressources, de la planification à la mise en œuvre, dans un souci d'efficacité et de rentabilité.

Quelle méthode de gestion de projet privilégier pour la refonte de l'architecture d'information ?

Il en existe de nombreuses, de la méthode en cascade structurée et sécurisante à la méthode AGILE, souple et opportuniste, en passant par plein de concepts très *smart*, PERT, PRINCE2, etc.

> **Conseil : les 4 piliers**
>
> Quel que soit le projet que vous lancez, il sera utile de l'organiser en passant en revue les 4 piliers incontournables à tout bon déroulement du projet : plan, processus, personnes et pouvoir.
> Source : https://fr.wikipedia.org/wiki/Gestion_de_projet#Les_4_P_de_la_gestion_de_projet

La méthode en cascade

Une étape doit être accomplie avant de passer à la suivante. Assez rigide, elle ne laisse pas de place aux imprévus ni aux changements. La visualisation graphique des différentes étapes du projet sous forme d'un diagramme de Gantt permet d'établir le chemin du projet et d'y voir plus clair du début à la fin. Si les délais sont stricts, que les intervenants aiment le formalisme et que vous ne voulez pas prendre de risques, cette méthode est la bonne. Pour orchestrer des refontes d'envergure avec de multiples intervenants, elle reste souvent la méthode idéale pour un déroulement fluide.

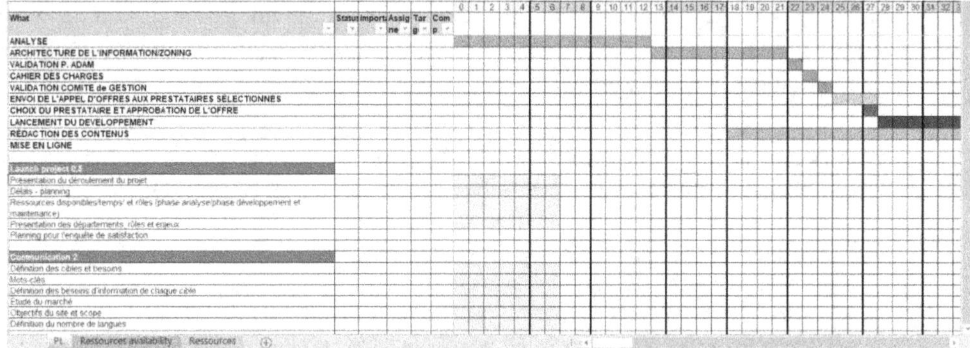

Figure 3–1 La planification du projet étape par étape Source : Yellowdolphins.com

Avec un zeste d'Agilité !

Si la méthode en cascade permet de respecter des délais et donne une vue très cartésienne et rassurante du déroulement du projet, vous veillerez à rester à l'écoute des besoins du client. Misez sur la collaboration avec l'équipe et les interactions avec les individus, soyez concret en privilégiant l'opérationnel plutôt que la documentation exhaustive, acceptez le changement tout en responsabilisant le client sur son rôle, plutôt que le suivi d'un plan trop strict.

Un conseil, quelle que soit la méthodologie que vous adopterez, procédez en validant étape par étape ! Cette petite phrase anodine, glissée entre deux chapitres, trouve toute sa place suite à une tragédie dont nous avons été témoins. Un projet de refonte a été mené par l'équipe de communication avec intelligence, compétence et dans le souci de prendre en compte les besoins des utilisateurs. Pendant plusieurs mois, tout s'est très bien déroulé dans le meilleur des projets avec des focus groupes, des identifications de besoins, de cibles, pour passer par la fusion de plusieurs sites et la conception de la nouvelle architecture. Tout allait bien... Jusqu'au jour où la nouvelle arborescence a été présentée au management qui l'a refusée en privilégiant une approche orientée entreprise. Tout a dû être repris depuis le départ, entraînant dans cette tragédie le temps, les budgets utilisés à perte, la démotivation de l'équipe et l'insatisfaction des utilisateurs, tests à l'appui.

Le jour où je snoberai le « Nude Minimal »

Les livrables de l'architecture de l'information sont certainement moins sexy que les maquettes graphiques de Carolina Herrera (CH). En effet, trop souvent, les maquettes graphiques suscitent beaucoup plus d'attention que l'architecture d'information proprement dite qui lui est sous-jacente. Et pourtant, les visiteurs quittent un site faute d'avoir trouvé l'information qu'ils cherchaient, même s'ils trouvent le graphisme très réussi.

Une solution est alors de mettre les bœufs avant la charrue. Mettez l'architecture en musique en faisant les premières maquettes (ou *wireframes*) de sorte que le client puisse visualiser la mise en scène des principes de navigation et de contenu. Même si nous ne poussons pas à généraliser cette approche, elle peut débloquer les choses dans les cas où votre interlocuteur ne s'implique pas, ne réagit pas ou n'a pas une maturité du média suffisante pour appréhender les enjeux d'architecture plus abstraits que le rendu graphique.

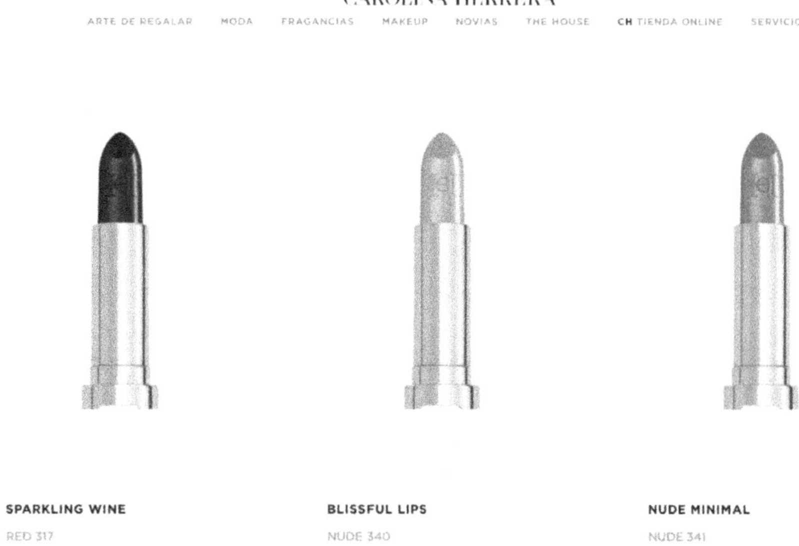

Figure 3–2 Trop souvent, les maquettes graphiques mobilisent plus l'attention que l'architecture d'information.
Source : www.carolinaherrera.com

À vous ! Comment allez-vous organiser votre projet ?

Questions	Actions	Échéances
Quelle est la meilleure méthodologie ?		
• Agile ?		
•		
•		
•		
•		
•		

Les acteurs

Qui ?

La réussite du projet dépend en grande partie des acteurs qui y prennent part.

D'après notre expérience, les plus beaux projets étaient aussi le fruit de la collaboration avec des personnes motivées, compétentes, positives, constructives et alignées, c'est-à-dire que leurs objectifs et ceux de l'entreprise allaient dans le même sens.

En outre, parmi les acteurs, il sera nécessaire d'avoir des personnes qui alimentent le projet de leurs réflexions et fournissent les informations requises. Une certaine connaissance du terrain, du fonctionnement d'un site web et de la communication sont un atout, bien sûr.

Évitez de désigner des volontaires qui n'ont pas envie de travailler sur le projet ou qui n'y croient pas. Ces individus-là plomberont le projet aussi sûrement que le moral des troupes et les budgets.

Si nous pouvions imaginer une équipe de rêve, elle compterait parmi ses acteurs :

- un manager pour tout ce qui relève de la stratégie de l'entreprise ;
- un responsable communication pour les choix éditoriaux ;
- un responsable marketing pour représenter les utilisateurs ;
- un responsable IT pour les décisions informatiques ;
- un responsable RH quand il s'agit de refondre un intranet ;
- un responsable du projet qui œuvrera en tant que chef d'orchestre ;
- un architecte d'information.

Idéalement, les acteurs auront l'autorité pour valider la majorité des décisions à prendre sans devoir à chaque fois en référer à un supérieur hiérarchique. Cela implique qu'ils aient l'autorité, les compétences et la confiance de l'entreprise pour agir de la sorte.

Combien ?

Nous vous conseillons de former un petit groupe de pilotage du projet plutôt qu'une assemblée générale.

D'une part, s'il est important que chacun se retrouve dans le projet et s'exprime, il est également important que l'architecture ne soit pas un assemblage de compromis. Vous en conviendrez : mieux vaut choisir un jaune pétant ou un bleu royal plutôt qu'un vert caca d'oie dilué, qui serait le compromis entre les deux, non ?

D'autre part, l'avancée en petit groupe est plus agile et moins coûteuse qu'une grande assemblée. Pensez au planning des réunions de 15 personnes, aux heures passées dans ces réunions alors que la moitié n'apportera peut-être rien au débat, aux coûts cachés qui peuvent très vite se chiffrer en milliers d'euros… par jour… Pour toutes ces raisons, un petit groupe qui prend les décisions est préférable.

Comment ?

Quand j'étais petite, j'aimais beaucoup les fractions qui ne dépassaient pas l'unité, par exemple les 4/4, 2/2, 3/4… J'ai compris plus tard que cela apportait de l'équilibre dans la répartition des morceaux de tartes, les commandes de pizzas et la gestion de projet.

Je m'explique : si une personne travaille à 100 % quotidiennement, comment rajouter 20 % de travail ? Même si la personne est motivée, tôt ou tard, un déséquilibre se créera, aussi est-il important :

- de reconnaître et valoriser le projet de refonte comme une priorité ;
- d'accorder au projet de refonte de la place dans le planning, quitte à reléguer d'autres tâches à plus tard ou à les mettre en suspens ;
- de définir le rôle de chacun, les attentes, les responsabilités et les limites ;
- de définir un chef d'orchestre pour guider cette symphonie que vous vous apprêtez à jouer.

La refonte d'un site est un chantier qui vient souvent s'ajouter au travail quotidien. Pour éviter la surcharge, envisagez de rationaliser la production de contenu pendant un temps, de suspendre les tâches qui ne sont pas vitales, de répartir le travail autrement, etc.

Parfois, bloquer une rue à plusieurs voies pendant un temps restreint est préférable que limiter le passage sur une bande, en provoquant des embouteillages pendant des mois.

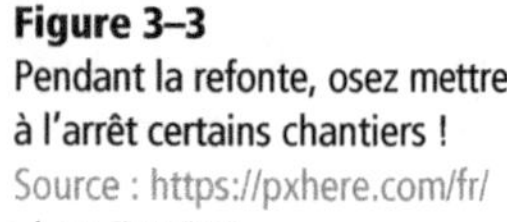

Figure 3–3
Pendant la refonte, osez mettre à l'arrêt certains chantiers !
Source : https://pxhere.com/fr/photo/941647

Quand ?

- À quelle fréquence se réunir ?
- Faut-il des réunions fixes ou opportunistes ?
- Quels seront les déclencheurs pour organiser une réunion ?
- Qui rédige le compte rendu ?
- Comment fait-on le suivi des réunions ?
- Comment fixe-t-on les échéances ?
- Quels outils seront mis en place, etc. ?

Toutes ces questions s'inscrivent bien sûr dans le flux de la gestion de projets, mais si vous avez lu mes précédents ouvrages, vous savez peut-être que je suis adepte de la méthode Coué (ça marche aussi très bien sur les enfants et les petits chiens, j'ai testé) !

Je suis adepte d'une gestion humaniste des projets, mais je me suis rendu compte que cette approche fonctionne quand tous les matelots rament dans la même direction, avec le même enthousiasme et dans le même bateau. Un intrus apparaît et votre croisière se transforme très vite en galère !

Tableau 3–1 La place de l'architecture d'information au sein d'un projet de refonte se situe généralement au début du projet ! Source : Yellowdolphins.com

01 ÉTUDES	02 UX DESIGN	03 DEVELOP-PEMENT	04 TRANSFERT	05 MISE EN PRODUCTION	06 SUIVI
Expressions des besoins	Maquettes UX	Front end et back end	Formation	Hébergement	Statistiques
Objectifs	Charte graphique		Guide admin	Sécurité	Support
Architecture d'information			Intégration des contenus	Tests	
Contenus				Plan de migration	
Rôles et workflow					
…					

RESSOURCES **Gestion de projet**

60 règles d'or pour réussir son site web, Jean-Marc Hardy et Jacqueline Léo Lesage, Dunod
Conduite de projet web, Stéphane Bordage, Eyrolles

À vous ! Qui va travailler sur le projet ? Quelles sont les échéances

Questions	Actions	Échéances
Qui va travailler sur le projet ?		
• Moi ;)		
•		
•		
•		

Quelles sont les échéances ?		
• Réunion de lancement		
• Phase d'analyse		
• Phase de conception		
• Phase de…		
•		
•		

4

Définir les besoins et la cible

Cette section pourrait se résumer en « Qui vient faire quoi sur mon site ? ». Elle mènera à la question subsidiaire qui ne souffre aucun joker : « Et comment j'y réponds (au mieux) ? »

Les intentions et les besoins

Derrière une recherche se cache généralement une intention. Et derrière l'intention se cache un besoin qui n'est pas toujours connu. Illustrons cette nuance par un cas concret.

- Jean lance une recherche sur un site de vacances et de loisirs.
- Son intention est de trouver une maison à louer au bord de la plage.
- Son besoin est de se ressourcer en famille.
- Soudain, il tombe sur un stage nature en famille qui le fait vibrer.
- Il change son intention en cours de route pour réserver ce stage nature.
- Son besoin de se ressourcer en famille est comblé.

Ce petit exemple permet d'élaborer des scénarios en fonction des intentions et des besoins de la cible, et de les associer.

Besoins	Intentions	Options
Me ressourcer	Maison à la mer	Stage nature Sport à la montagne
Découvrir	Stage cuisine	Musées de la dentelle Initiation au parapente
Me connaître	Retraite	Initiation au yoga Stage de développement personnel

Les différents types de recherche

Les intentions de recherche peuvent être classées en plusieurs types.

La recherche informationnelle

Elle comprend :

- La recherche d'une information spécifique, par exemple le numéro de téléphone du restaurant où vous avez mangé samedi soir avec un copain ou les horaires du restaurant.
- La recherche exhaustive, par exemple toutes les informations sur la cuisine portugaise, histoire d'épater votre copine pendant le repas.
- La recherche exploratoire, par exemple trouver un bon restaurant dans le quartier de votre cousine.

La recherche navigationnelle

Elle se mène à travers le système de navigation d'un site. L'utilisateur passe par ce type de recherche pour retomber sur une information déjà trouvée antérieurement, par exemple la liste des plats à emporter du restaurant du coin sur son site, ou la rubrique des publications de Yellow Dolphins que vous avez déjà visitée 100 fois ;-).

La recherche transactionnelle

La recherche a pour but une transaction. Si certains limitent le terme « transaction » au domaine financier, nous préférons l'élargir en incluant les autres types d'actions comme une inscription ou un désabonnement, une ouverture ou une clôture de compte, la réservation d'une salle de réunion, le remplissage de la feuille d'impôts en ligne, etc.

Remarque

Le tunnel de conversion sur un site e-commerce présente de plus fortes probabilités de conversion au fur et à mesure que vous passez d'une intention informationnelle (chercher un livre à lire) à une intention commerciale (comparer le prix des livres) ou transactionnelle (acheter un livre spécifique). Les intentions de recherche locales (où trouver une librairie pour acheter un livre spécifique) ont le plus haut taux de conversion. Pensez à intégrer cette dimension dans votre stratégie.

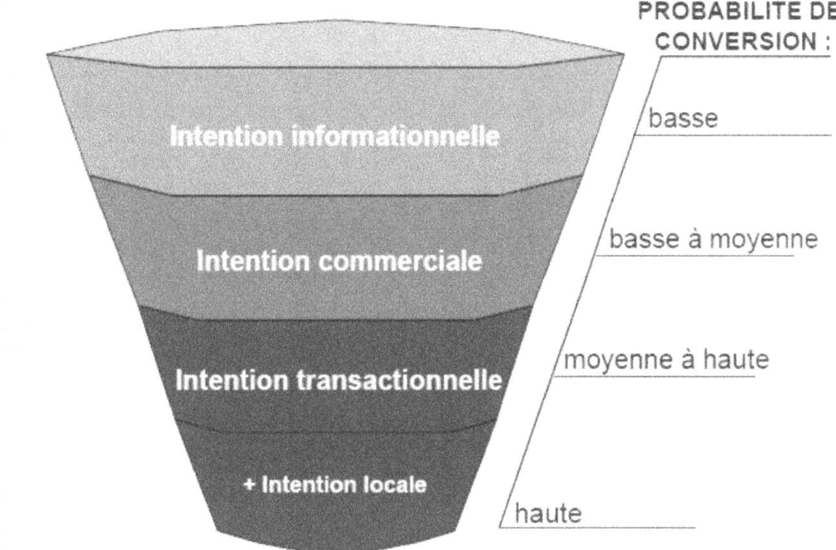

Figure 4–1 L'entonnoir de conversion des intentions de recherche sur un site e-commerce et la probabilité de conversion en fonction de l'intention de l'utilisateur Source : getSTAT.com

L'identification des intentions et des besoins

L'approche analytique

- L'analyse des statistiques de votre site permet d'identifier les pages de sorties, les taux de rebond, les pages populaires, les versions de langues les plus utilisées et les sections populaires, mais aussi les pages oublié(ette)s, etc.
- L'analyse des requêtes les plus courantes du moteur de recherche interne permet de détecter les problèmes de navigation, de contenu, de pertinence du moteur, de métadonnées, etc., et les opportunités à saisir.

Dans l'exemple suivant, identifier les pages de sortie du site permet de trouver des pistes pour relancer la visite. Entrez dans la logique du visiteur en proposant des produits qui rencontrent un même besoin, mais une autre intention. Par exemple, si le visiteur a un intérêt pour les couches écologiques, vous pourrez lui proposer des lingettes et du savon écologiques ou des vêtements en coton bio. Vous pourrez également lui présenter une liste d'accessoires comme la poubelle pour les couches ou les sacs-poubelles bio pour répondre à son besoin d'écologie, etc.

Figure 4–2 Identifier les pages de sorties du site permet d'agir pour relancer la visite.
Source : https://analytics.google.com/

	Page	Sorties ↓	Pages vues
		820 944 % du total: 100,00 % (820 944)	4 946 258 % du total: 100,00 % (4 946 258)
1.	/	**84 796** (10,33 %)	269 196 (5,44 %)
2.	/search/search.php	**48 798** (5,94 %)	207 590 (4,20 %)
3.	/journee-aquaparc	**37 824** (4,61 %)	118 162 (2,39 %)
4.	/croisiere-sur-les-3-lacs-neuchatel-morat-bienne-navigations	**13 269** (1,62 %)	38 597 (0,78 %)
5.	/order/index.php	**12 795** (1,56 %)	51 042 (1,03 %)
6.	/couches-ecologiques-suisses-pingo-lingettes-en-option	**11 898** (1,45 %)	52 526 (1,06 %)
7.	/coussin-tapis-acupression-fleurs-de-vie-bleu-vert-violet-shantimat	**9 249** (1,13 %)	28 846 (0,58 %)
8.	/menu-restaurant-panoramique-tournant-le-kuklos-leysin	**8 809** (1,07 %)	25 735 (0,52 %)

Dans l'exemple suivant, la liste des termes de recherche met en exergue des marques et deux catégories de produits. Parmi les réponses à donner à ces recherches, vous pourriez créer une page par marque, mettre en avant ces catégories de produits sur la page d'accueil et vérifier s'il n'y a pas un problème technique sur ces catégories.

Figure 4–3
Les termes de recherche les plus courants du moteur de recherche interne
Source : https://analytics.google.com/

	Terme de recherche	Nombre total de recherches uniques ↓	Pages vues (résultats) par recherche	Sorties après recherche (%)	Précision des recherches (%)	Temps après recherche
		83 548 % du total: 100,00 % (83 548)	2,82 Valeur moy. pour la vue: 2,82 (0,00 %)	60,83 % Valeur moy. pour la vue: 60,83 % (0,00 %)	4,90 % Valeur moy. pour la vue: 4,90 % (0,00 %)	00:01:35 Valeur moy. pour la vue: 00:01:35 (0,00 %)
1.	joie	**21 296** (25,49 %)	2,26	95,09 %	0,23 %	00:00:21
2.	nuna	**15 596** (18,67 %)	2,29	92,52 %	0,20 %	00:00:24
3.	siège-auto	**2 653** (3,18 %)	4,59	81,94 %	1,01 %	00:01:55
4.	couche	**1 036** (1,24 %)	2,62	80,60 %	1,58 %	00:01:13
5.	écharpe de portage	**939** (1,12 %)	2,79	84,13 %	0,76 %	00:01:17
6.	Pingo	**901** (1,08 %)	2,38	8,55 %	6,40 %	00:03:33
7.	cododo	**764** (0,91 %)	3,04	71,73 %	0,90 %	00:02:09
8.	Aquaparc	**730** (0,87 %)	2,37	13,42 %	2,48 %	00:04:13
9.	Poussette	**729** (0,87 %)	7,51	41,43 %	1,70 %	00:04:12
10.	Joie	**725** (0,87 %)	6,16	30,62 %	2,60 %	00:04:09

Les enquêtes d'utilisateurs

Elles permettent d'agir avec l'utilisateur et viendront en support aux données déjà analysées.

Remarque

Le design ou la refonte d'un site de grande ampleur doit impérativement débuter par une phase de recherche qui permet de comprendre plus en détail les objectifs de l'entreprise, les utilisateurs, et le contexte de l'information. Sur la base de ces informations, il est possible d'élaborer une stratégie. Les arguments de type « nous n'avons pas le temps », « pas de budget », « on a déjà fait ce travail il y a X années », « on sait déjà ce qu'on veut », etc., ne sont pas rares et même si certains d'entre eux sont légitimes, sans cette phase de recherche, la stratégie se fondera sur des hypothèses, des présuppositions et des croyances. Du bancal.

En menant une phase de recherche, on gagne du temps sur la durée des phases de design et d'implémentation, et surtout, on ne devra pas recommencer le site après un an, ni multiplier les coûts d'intervention pour essayer de rectifier le tir.

De plus, lorsque l'on implique les interlocuteurs dans les phases de tests, on se donne les chances de réaliser un site centré sur l'utilisateur, véritable clé du succès du site. Ainsi, on ne met pas en place ce que le chef de projet souhaite, lui, ou ce qu'il pense être bon pour l'utilisateur, ou encore ce qu'il croit que son supérieur souhaite mettre en place.

Enfin, la phase de recherche permet à l'architecte d'information de poser des questions précises aux utilisateurs, de vérifier des hypothèses ou des intuitions spécifiques en phase de recherche.

Focus groupe

La méthode du focus groupe consiste à animer un groupe de discussion de 5 à 10 personnes autour d'un produit. Appliquée au site web, elle permet de récolter les opinions des utilisateurs à propos de différents aspects :

- premières impressions ;
- connotation de l'environnement graphique ;
- crédibilité du contenu ;
- force des accroches ;
- clarté des libellés ;
- intuitivité des interactions ;
- zones d'incompréhension ;
- attentes non rencontrées.

Il s'agit donc d'une approche « qualitative » et non « quantitative » qui a l'avantage de récolter un maximum de points de vue en un minimum de temps, que ce soit des opinions contradictoires ou des points qui font l'unanimité.

Le focus groupe démarrera souvent par des discussions ouvertes, qui permettent de recueillir les impressions spontanées des utilisateurs. Il enchaînera par des discussions davantage canalisées, qui dépendront des spécificités du site web étudié.

Sondage en ligne

Le sondage en ligne consiste à recueillir les opinions des visiteurs du site à travers un formulaire publié sur la page d'accueil ou à un autre endroit suffisamment fréquenté de votre site web de sorte à générer sans effort plusieurs centaines de réponses en quelques jours ou quelques semaines.

À l'heure actuelle, des outils gratuits ou payants permettent d'automatiser l'ensemble du processus, du recueil des données à la publication des résultats. Bien sûr, vous pouvez également mener des sondages par e-mail, téléphone, courrier, en tête-à-tête, etc.

Il existe deux types de sondage : le sondage qualitatif et le sondage quantitatif. Le sondage qualitatif vise à recueillir des avis argumentés, motivés d'un nombre restreint d'utilisateurs. Il contient dès lors des questions ouvertes : que pensez-vous de la présence d'un carrousel en page d'accueil ? Quelles fonctions aimeriez-vous personnaliser sur votre espace intranet ? Le sondage quantitatif vise à collecter des tendances, à départager, à trancher, par exemple : la présence d'un carrousel de news en page d'accueil est-elle un plus (Oui/Non) ? Souhaitez-vous pouvoir personnaliser l'espace intranet (Oui/Non) ?

Question 2

À quelle fréquence utilisez-vous l'intranet ?

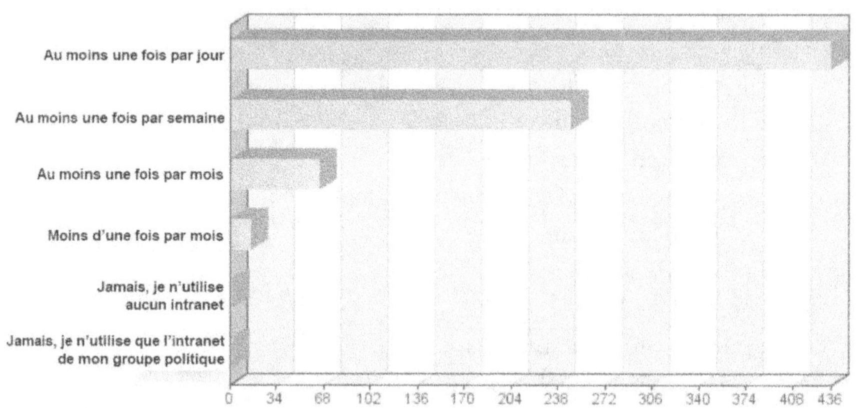

Figure 4–4 Exemple de question d'un sondage en ligne pour une institution dont l'objectif est d'identifier la fréquence d'utilisation de l'intranet. Réponse : une fois par jour, dans la majorité des cas.
Source : Yellowdolphins.com

Question 19
Quels sont vos besoins ? (plusieurs réponses sont possibles)

Figure 4–5 Exemple de sondage en ligne au sein d'une institution dont l'objectif est d'identifier les fonctionnalités les plus utiles à développer aux yeux des webmasters. Réponse : un outil de statistiques et des notifications.
Source : Yellowdolphins.com

Le sondage génère des données quantifiées sur la base d'un échantillon pouvant, au-delà d'un certain seuil, être considéré comme représentatif de l'audience visée.

Le sondage vous permettra notamment d'éclaircir :

- le profil socio-professionnel des visiteurs ;
- les raisons pour lesquelles ils vous rendent visite ;
- les contenus qui les intéressent le plus (question fermée) ;
- les lacunes (question ouverte).

Vous pourrez également vérifier certains enjeux stratégiques, comme l'opportunité de proposer une version mobile, par exemple.

1. Quelles sont les tâches que vous effectuez de manière récurrente sur notre site web ?

2. Parmi les contenus de notre site web, lesquels consultez-vous avec votre smartphone ?

3. Quelles frustrations avez-vous déjà rencontrées en visitant notre site web avec votre smartphone ?

4. Combien de fois par jour accédez-vous à Internet via votre smartphone ?

○ Jamais
○ 1-2
○ 3-5
○ >5

Figure 4–6
Exemple d'un sondage en ligne effectué dans un traitement de texte
Source : Yellowdolphins.com

La pertinence des réponses, et donc l'utilité du sondage, dépendra de :

- La précision des questions : vous éviterez les questions trop générales ou subjectives, par exemple : « Que pensez-vous de la navigation sur notre site ? » ou « Trouvez-vous le design de notre site réussi ? »
- La longueur du questionnaire : évitez la liste de 20 questions, limitez les questions ouvertes et les champs obligatoires pour les sondages quantitatifs, annoncez le temps requis pour remplir le sondage, etc., si vous désirez encourager la participation.

Enfin, évitez d'enfoncer des portes ouvertes. Si votre moteur de recherche est pourri – avéré – confirmé – promis juré, ne demandez pas à l'utilisateur de cracher une énième fois dessus !

Tableau 4–1 Exemples de questions

OK	KO
À quelle fréquence visitez-vous le site (liste) ?	Que pensez-vous du design du site ?
Quelle section consultez-vous le plus (liste) ?	Trouvez-vous en général l'information que vous cherchez ?
Quel type d'information cherchez-vous en priorité (liste) ?	Qu'est-ce que vous aimeriez voir apparaître sur ce site ?
Laisseriez-vous des commentaires sur la section *Actualités* si la fonctionnalité existait (oui/non/autre) ?	Aimeriez-vous pouvoir interagir sur le site ?
Si vous pouviez changer trois éléments de l'intranet, de quoi s'agirait-il ?	Qu'est-ce qui pourrait être amélioré sur le site selon vous ?
Recommanderiez-vous notre site à un collègue (oui/non/autre) ?	Consultez-vous d'autres sites semblables ?

OUTILS **Sondages en ligne**

Google Forms : https://www.google.fr/intl/fr/forms/about/
Surveymonkey : https://fr.surveymonkey.com/
Crowd Signal : https://crowdsignal.com/

Les entretiens

Figure 4–7
Liste de questions posées lors d'un entretien avec un utilisateur
Source : Yellowdolphins.com

Gilles B
5 mars 2025 - 13 h 30

À quelle fréquence utilisez-vous l'intranet ?

Plusieurs fois par semaine.

Pour vous-même ou pour votre directeur ?

Les deux. Pour mon information personnelle, mais aussi pour mon directeur.

J'utilise plutôt mon login d'Assistant que le login de mon directeur.

Quelles sections consultez-vous le plus ?

Dans bien des cas, j'effectue directement la recherche par mot clé.

Il m'arrive de consulter « Vie pratique », car j'ai des enfants.

Le look & feel est un peu vieillot. Ce n'est pas dramatique. Au moins, il charge rapidement, car je n'apprécierais pas un truc « fancy » qui fait perdre du temps.

J'accède aux applications sans plus passer par l'intranet, directement via mon historique et Google Suggest.

Le Help Desk est en général compétent. Il m'arrive de téléphoner.

Je ne regarde pas vraiment les news. Nous sommes surinformés.

De quel type d'information avez-vous besoin régulièrement ?

Surtout les formulaires. Également les missions.

Donc surtout l'administratif.

Quels sont les principaux obstacles que vous rencontrez lors de vos recherches sur l'intranet ?

L'efficacité du moteur de recherche est variable. Par exemple, il y a un problème lorsque le résultat de recherche renvoie vers une news entretemps archivée - un lien direct aurait été plus efficace. Ce serait bien d'avoir du « Google-like », notamment des suggestions pour réorienter sa recherche.

Il manque parfois l'action. On a l'explication, mais pas l'action. Par exemple comment utiliser concrètement un formulaire.

Les entretiens en tête-à-tête avec des utilisateurs du site sont riches d'enseignements.

Lors de ces entretiens, l'utilisateur répond à des questions, il est mis en contexte de recherche, il commente son expérience. L'entretien peut également inclure un test de tri de cartes ou un test utilisateur (voir page 115).

Néanmoins, ces sessions sont coûteuses en temps et en budget. Dans certains cas, la difficulté du recrutement des utilisateurs ne résiste pas à cette belle première impulsion de donner la parole aux utilisateurs. Dans d'autres cas, l'entreprise préférera éviter de récolter les avis des utilisateurs pour des raisons internes.

Quoi qu'il en soit, si vous prévoyez des entretiens, réfléchissez bien à la phase de recrutement des utilisateurs avant de lancer l'idée.

Le recrutement des participants

La tâche la plus ardue reste le recrutement des participants au test. À moins que ce soit pour un intranet où les utilisateurs internes seront conviés à tester le site, tournez-vous vers des bureaux de recrutement professionnels qui fondent leur expertise sur plusieurs années d'expérience dans les études de marché. Ils possèdent des fichiers à jour, bien segmentés sur la base de critères socioprofessionnels et géographiques. De quoi constituer en un temps limité, un échantillon représentatif d'utilisateurs.

Figure 4–8 Mettez votre utilisateur à l'aise lors de l'entretien !
Source : https://pxhere.com/fr/photo/544518

Le déroulé de l'entretien :

- Mettez votre utilisateur à l'aise !
- Posez une série de questions d'introduction : quelles sont ses priorités et ses besoins personnels au niveau du site ?
- L'entretien proprement dit abordera par exemple les points suivants :
  - **Profil :** quelle est votre fonction ? Votre expérience ? Depuis combien de temps travaillez-vous dans l'entreprise ?
  - **Utilisation :** de quel type d'information avez-vous besoin pour votre travail ? Quel type d'information est difficile d'accès ? Que faites-vous quand vous ne trouvez pas une information ?

- **Utilisation du média :** à quelle fréquence utilisez-vous le site ? Quelle est votre impression générale au niveau du site ? Comment cherchez-vous l'information sur le site ? Comment utilisez-vous la fonction de chat ?
- **Suggestions :** si vous pouviez changer trois éléments du site, quels seraient-ils ? Si vous pouviez ajouter trois fonctionnalités au site, quelles seraient-elles ?

- Terminez par une série de questions de clôture : vous pouvez rebondir sur des problèmes soulevés lors d'un test utilisateur, demander ce qui l'a gêné, ce qu'il aimerait voir comme améliorations.

Lors de ces entretiens, vous pouvez également faire des tests et observer des personnes représentatives de la cible en train d'utiliser le site web ce qui permet de comprendre :

- les obstacles qu'ils rencontrent sur leur parcours ;
- les éléments qui leur échappent ;
- leurs réflexes ;
- leurs émotions ;
- leurs interprétations.

En face-à-face, vous effectuez surtout une démarche qualitative avec un nombre limité de participants. Les participants sont alors invités à exprimer à haute voix leurs impressions. Leurs essais et erreurs sont minutieusement observés et notés.

Cinq ou six utilisateurs suffiront la plupart du temps à mettre en évidence les principales faiblesses du site.

L'enjeu et tout l'art du test sont de :

- recruter les bons participants ;
- bien identifier ce qui mérite d'être testé ;
- scénariser les tests ;
- pouvoir interpréter les données ;
- conclure les tests par des recommandations concrètes.

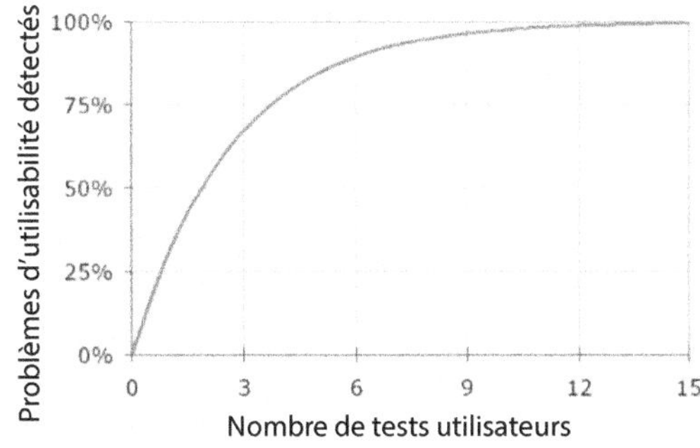

Figure 4–9
Selon Jakob Nielsen, 5 participants permettent de détecter 85 % des problèmes d'utilisabilité d'un site.
Source : https://www.nngroup.com/articles/why-you-only-need-to-test-with-5-users/

Le formulaire de feedback

Le formulaire de feedback intra page (en anglais *in page feedback form*) permet à l'utilisateur de poster un commentaire directement sur la page où il se trouve.

Cela permet :

- d'inciter à réagir à chaud (parfois un peu trop) sur un contenu : « J'ai adoré le contenu, vous êtes géniaux, je vous aime » ou « le numéro de téléphone est faux », ou encore : « je ne trouve pas le formulaire ? » ;
- et donc d'améliorer chaque page de manière continue en tenant compte des commentaires de l'utilisateur : corrections, ajouts, améliorations, suppressions, etc. ;
- de repérer des besoins qui ne peuvent pas être mis en place immédiatement, mais qui pourront être pris en compte dans le projet de refonte.

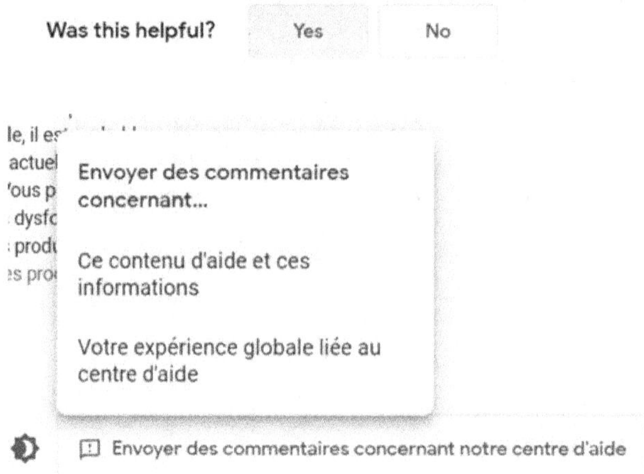

Figure 4–10
Les formulaires de feedback intra page de Google
Source : https://support.google.com/

Tableau 4–2 Dis-moi ce dont tu as besoin pour définir ton audience, je te dirai où chercher

DONNÉES QUANTITATIVES	
Outils	**Données à analyser**
Statistiques du site existant	Données démographiques Contenus populaires Sources de trafic
Enquêtes en ligne	Données sur le profil des visiteurs Contenus visités et demandés
Benchmark sur les communautés	Comportements Centres d'intérêt
Statistiques des réseaux sociaux	Données démographiques Comportements Centres d'intérêt

Tableau 4–2 Dis-moi ce dont tu as besoin pour définir ton audience, je te dirai où chercher *(suite)*

DONNÉES QUALITATIVES	
Focus groupes	Forces et faiblesses de l'existant Besoins (Brainstorming sur le nouveau)
Entretiens en face-à-face	Forces et faiblesses de l'existant Besoins Usages
Enquêtes en ligne	Données sur le profil des visiteurs Forces et faiblesses de l'existant Habitudes Usages
Benchmark sur les communautés	Ce que la cible aime Ce que la cible n'aime pas

La cible

Pour qui faites-vous ce site ? Derrière cette question apparemment anodine peuvent jaillir de vrais débats de fond et quelques casse-tête.

Pourquoi définir sa cible ?

Tout au long de notre expérience, nous avons rencontré différents cas de figure.

- Des entreprises qui avaient une idée précise de leur cible avec des personas et des tâches bien identifiés, des priorités établies et des prises de position assumées. Ces personas facilitaient le cap à prendre pour la stratégie commerciale, de marketing et de contenu. Formidable !

Tableau 4–3 Quand la cible est bien définie, il est plus facile de répondre aux questions qui orienteront les stratégies de l'entreprise.

	Cible 1	Cible 2	Cible 3	Cible 4	Cible 5
Les clients sont-ils nombreux ?	★	★★★	★★★	★★★	★★★★★
Dépensent-ils de l'argent ?	★	★	★★	★	★★★★★
Ont-ils des contraintes de temps ?					★★★★★
Sont-ils des ambassadeurs de notre marque ?	★	★★	★	★★★	★
Sont-ils des influenceurs ?	★	★★	★★	★★	★★★★★
Sont-ils fidèles ?		★★	★	★★★	★★★

- Des entreprises qui identifiaient une cible prioritaire tout en orientant la conception et l'architecture du site vers des décisions adaptées pour plaire aux supérieurs hiérarchiques. C'est dommage !
- Des entreprises qui voulaient faire un site pour tout le monde. Tout le monde, c'est personne.

Dans notre exemple ci-dessous, la page *Compétences et adresses* est présentée selon une logique institution : Sociétés 1, 2,... Une entreprise ne sait pas d'emblée à quel groupe de sociétés elle appartient, ni à quoi ce classement correspond. Cette approche orientée institution ne permet pas au visiteur d'accéder facilement à l'information qu'il cherche quand il n'est pas familier avec ce classement administratif. Un petit texte explicatif pourrait éviter une grande frustration.

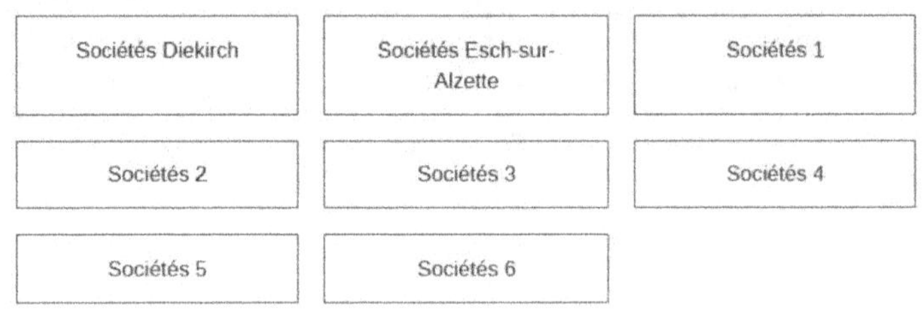

Figure 4–11
Évitez l'approche institutionnelle qui est frustrante pour l'utilisateur.
Source : https://impotsdirects.public.lu/fr/profil/organigramme/impo_soc.html

Définition : personas

Les personas sont des représentations fictives de personnages correspondant à chaque profil de client. En apportant une touche de réalité, ils aident l'entreprise à comprendre leurs besoins et leur comportement, à prendre des décisions dans le cadre de la création de produits ou services, à tester de nouveaux produits et à prioriser les développements.

Figure 4–12 La liste des personas en un poster, pratique !
Source : Yellowdolphins.com

Trêve de plaisanterie, définir sa cible est selon nous le fondement du projet. Les besoins, les attentes et les comportements de recherche d'information des uns ne sont pas ceux des autres. Comment y répondre si l'on ne sait pas à qui l'on s'adresse ?

Comment définir sa cible ?

Une façon de faire est de créer des personas.

- identifiez vos principaux groupes de clients ;
- déclinez chaque groupe de clients en personas ;
- dressez le portrait de chaque persona le plus précisément possible en fournissant des données démographiques, professionnelles, habitudes et comportements, les canaux d'influence, etc. ;
- identifiez leurs besoins et tâches à réaliser sur le site ;
- listez des pistes pour répondre à leurs besoins : fonctionnalités, contenus, etc.

Vous trouverez ci-dessous quelques étapes pour définir vos personas. Commencez par établir les données démographiques et professionnelles, listez les valeurs et les objectifs, identifiez les défis, et enfin, déterminez les sources d'influence et les décisions qui déclenchent la transaction.

Figure 4–13 Les personas se définissent par leurs données démographiques et professionnelles, valeurs et objectifs, défis, sources d'influence et leviers de décisions. Source : Shutterstock

Les niveaux logiques

La pyramide des six niveaux logiques, établie par le chercheur américain Robert Dilts, est utilisée comme technique dans les métiers de coaching professionnel. Nous l'utilisons depuis que nous nous sommes formés en coaching et neurosciences pour faire accoucher (sans douleur) les équipes des bonnes solutions et accompagner le changement dans sa dimension émotionnelle.

Pour faire bref, la pyramide structure un problème de sorte à s'assurer que l'on en aborde tous les aspects. Essayez de compléter au minimum les quatre premiers niveaux pour chaque persona.

Les différentes sections à passer en revue pour traiter la problématique dans sa globalité sont :

- L'environnement : vous répondrez à la question « où est la cible ? ». Décrivez le contexte, le lieu, les personnes qui l'entourent et le lien qu'elle entretient avec ces personnes.
- Les comportements : posez-vous la question « que fait la cible ? ». Décrivez les actions au quotidien.
- Les compétences et capacités : vous répondrez à la question « de quoi est capable la cible ? ». Décrivez ses compétences, ses connaissances, sa maîtrise, les apprentissages acquis ou à venir.
- Les croyances et valeurs : répondez aux questions « que pense la cible ? », « quelles sont ses vérités, ses convictions ? », « qu'est-ce qui est important pour elle ? ».
- L'identité : demandez-vous qui est votre cible, quels sont ses modèles.
- La mission : dans certains cas, la question de la mission sera nécessaire pour répondre aux besoins de la cible. Demandez-vous où va votre cible, ce qu'elle veut laisser. Cette question qui semble a priori déconnectée d'un site web pourrait très bien avoir toute sa place dans une entreprise chargée de gestion de patrimoine, par exemple.

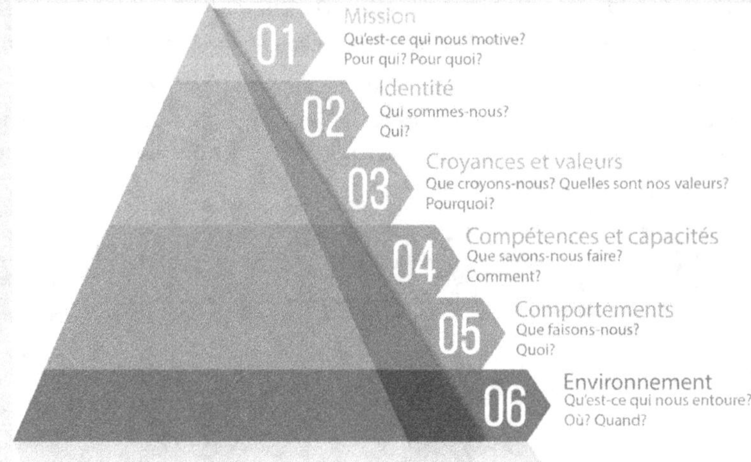

Figure 4–14 La pyramide des six niveaux logiques
Source : Yellowdolphins.com

Exemple de fiche de persona

Vous trouverez ci-après un exemple de persona pour une agence de voyages fictive. La fiche s'articule autour de six grandes sections :

- **Le profil du jeune couple** : âge, lieu de vie, état civil, profession, revenu, mobilité, valeur.
- **Les motivations** : qu'est-ce qui les décide pour l'une ou l'autre destination ?
- **Les préférences** : quel type de logement, formule, type et durée de séjour privilégient-ils ?
- **La technologie** : à partir de quels appareils consultent-ils le site et pour quelles tâches ?
- **Les comportements** : quels sont leurs modes de fonctionnement et leurs habitudes dans des tâches en relation avec les vacances ?
- **Le pourquoi** : pourquoi choisiraient-ils cette agence plutôt qu'une autre ?

Figure 4–15
Exemple de fiche de persona
Source : Yellowdolphins.com

Lise et Noa

30 et 33 ans
Appartement à Aix
Lise est employée dans une agence
Noa est employé dans un centre optique
Ils n'ont pas d'enfants
Revenus moyens (environ 3000 €)
Voiture et trottinette

« Nous adorons découvrir une région en allant chez l'habitant. C'est la meilleure façon d'avoir de bons plans et de bonnes adresses de restaurants qui ne sont pas dans les guides ! »

Motivations
- Passer des vacances tout en restant actifs : ils font tous les deux du tennis et du vélo.
- Se dépayser et vivre des expériences typiques.
- Se retrouver en dehors de la routine.
- Rester dans un budget minimum pour partir plus souvent.

Préférences
- Hôtels et formules sans enfants
- Formules sur-mesure
- Location entre particuliers
- Chambres d'hôtes
- Pour des séjours longs, ils préfèrent les locations ou chambres d'hôtes.

Technologie
Noa et Lise ont un smartphone.
Ils utilisent un laptop et une tablette pour leurs achats et pour préparer leurs vacances.

Comportements
- Voyages en dehors des vacances scolaires.
- Recherches de vacances par : smartphone, laptop, sur la tablette en regardant la TV.
- Achats sur Internet chaque mois.
- Epargne mensuelle pour leurs vacances.
- Recherche d'offres et de promotions.

Pourquoi Alpha travel ?
La France est une destination intéressante pour eux : les activités, les découvertes et l'ambiance festive de certains lieux leur permettent de rencontrer des locaux. Habitant en Provence, ils trouvent compliqué (et cher) de voyager par Lyon pour prendre l'avion.

Outils en ligne **Création de personas**

Make my persona : https://www.hubspot.com/make-my-persona
Xtensio : https://xtensio.com/user-persona/

Répondre aux besoins de chaque persona

Une fois que vous avez défini votre liste de personas, identifiez pour chacun d'eux la liste de tâches récurrentes qu'ils effectuent déjà sur le site. Complétez cette liste par de nouvelles tâches identifiées au cours de la phase de collecte d'information, et notamment lors des tests utilisateurs. Comment allez-vous répondre à ces besoins ? Par exemple, Madame Jolie n'est pas très à l'aise pour commander une vignette en ligne et surtout, elle n'a pas le dernier kit indispensable pour une identification sécurisée avant toute commande de document. Elle cherche le numéro de téléphone de l'administration car elle est perdue et ne sait pas comment faire pour commander cette… f… abuleuse vignette. Commander une vignette, trouver le numéro de téléphone d'un service sont deux tâches récurrentes pour ce persona.

À présent, définissez pour chaque persona les objectifs de l'entreprise. Cela vous permettra d'identifier des frictions possibles entre les attentes des utilisateurs et la stratégie ou la politique de l'entreprise. Par exemple, l'administration est bien consciente de la problématique de Madame Jolie, mais le service administratif souhaite décourager autant que possible les échanges téléphoniques. Aussi, jusqu'ici, le site ne mentionnait aucun numéro de téléphone et mettait à disposition un formulaire de contact fastidieux pour commander les vignettes. De plus, ces demandes étaient consultées de manière irrégulière et le suivi était aléatoire.

Comment aborder cette problématique sur le nouveau site ?

	Contribuable	Chercheur d'emploi	Journaliste
Nom:	Jean	Sven	Rafaela
Localisation:	France	Finlande	New York
Réseaux sociaux:	Facebook	Linkedin, Facebook	Linkedin, Facebook, Instagram, Twitter, Youtube
Secteur d'activité:	Finance	Employé	Presse internationale
Objectifs sur le site:	Rechercher des informations sur le rôle et la mission de l'entreprise	Chercher un emploi	Chercher les derniers rapports, avis, communiqués de presse, liste des publications à paraître, matériel visuel et audio, événements de l'entreprise
Objectifs de l'entreprise:	Faire comprendre l'utilité de l'entreprise dans sa mission de contrôle et faire connaître son travail	Attirer des profils qualifiés	Leur donner accès à l'information de manière simple et ergonomique
Principaux défis pour l'entreprise:	Donner d'emblée la plus-value de l'entreprise dans un langage accessible au grand public	Présenter l'entreprise comme un employeur attractif	Fournir le rapport en anglais le jour de la conférence de presse Avoir une couverture maximale dans la presse Améliorer la visibilité de l'entreprise dans les médias Améliorer la recherche d'information via le moteur de recherche
Comment atteindre l'objectif:			
	Présentation de l'entreprise en langage simple et clair: qui, quoi, où, comment, pourquoi, pour quoi	Informations sur les opportunités: qui, quoi, où, quand, pourquoi, comment, combien	Moteur de recherche des publications performant permettant une recherche par thématique, pays, année, membre
	Actualités	Liste des opportunités de	Accès aux communiqués de presse

Figure 4–16 Pour chaque persona, quelles sont les principales tâches et comment y répondre ?
Source : Yellowdolphins.com

Remarque

Les parcours utilisateurs mettent en scène les chemins que vont emprunter les visiteurs pour atteindre un objectif. Où sont les points de frictions et de satisfactions ? Comment améliorer cette expérience au niveau graphique, technique, émotionnel ? Comment renforcer l'engagement, la confiance ? Comment prolonger l'expérience ?

À vous ! Définissez vos personas et leurs besoins

Questions	Actions	Échéances
Quelle est ma cible ?		
• Ai-je des personas ?		
• Sont-ils toujours d'actualité ?		
• Quels sont leurs besoins ?		
• Quels sont leurs objectifs sur mon site ?		
• Dois-je mener des enquêtes ?		
•		
•		

5

Analyser l'existant

« On ne peut améliorer que ce dont on a connaissance. » L'analyse de l'existant est une étape vivement conseillée. Cela présuppose bien sûr que le cadre du projet a été préalablement posé.

Le périmètre du projet

Revoir l'architecture du site existant, c'est assez facile à comprendre. Mais lorsque vous gratterez un peu, au-delà du site existant, il se peut que vous vous heurtiez à quelques sauropodes, vous savez, ces grands dinosaures au corps trapu, dotés d'une queue et d'un cou très longs, inoffensifs mais (très) encombrants.

Figure 5–1
Un conseil : en architecture, débusquez les sauropodes en début de projet.
Source : https://pxhere.com/es/photo/690153

En effet, derrière le site, il y a parfois beaucoup d'autres sites en tout genre, actifs ou pas : site événementiel pour le lancement d'un produit ou d'une conférence, site développé pour une cible en particulier, blog, application, centre de ressources, extranet, intranet, etc., auxquels le projet initial est relié et dont la future structure dépendra… de loin ou de très près.

Par exemple, nous avons été mandatés pour reconcevoir l'architecture d'information de l'intranet central d'une grosse institution. Il était crucial de fixer la limite du projet, car autour de cet intranet gravitait une cinquantaine d'intranets, un par direction, plus ou moins actifs. Armés de notre plus beau sourire et de notre matériel de spéléologie, nous sommes partis en exploration et avons découvert qu'une des problématiques résidait dans le fait que l'information présente sur l'intranet central était parfois dupliquée au sein de ces intranets. Cette duplication aboutissait souvent à des données obsolètes, incomplètes et une multiplication des ressources temps/budgets dont la rationalisation aurait permis de belles économies. Ce que nous avons fait.

Dans un autre projet, nous étions chargés de la conception de l'architecture d'information d'un site très institutionnel, de peu d'intérêt pour la cible. L'objectif était de proposer un site orienté utilisateur suite à une fusion de différents services. À côté de ce site vitrine nous avions identifié un blog orienté utilisateur qui déchaînait les clics et les passions. Ce blog pouvait-il être intégré dans le projet ou devait-il rester à part avec son propre graphisme et sa ligne éditoriale spécifique ? Suspense…

Dans le même ordre d'idée, pensez également à définir le périmètre linguistique. Que le site soit bilingue ou en 24 langues, quelles versions linguistiques seront analysées ou traitées en priorité ?

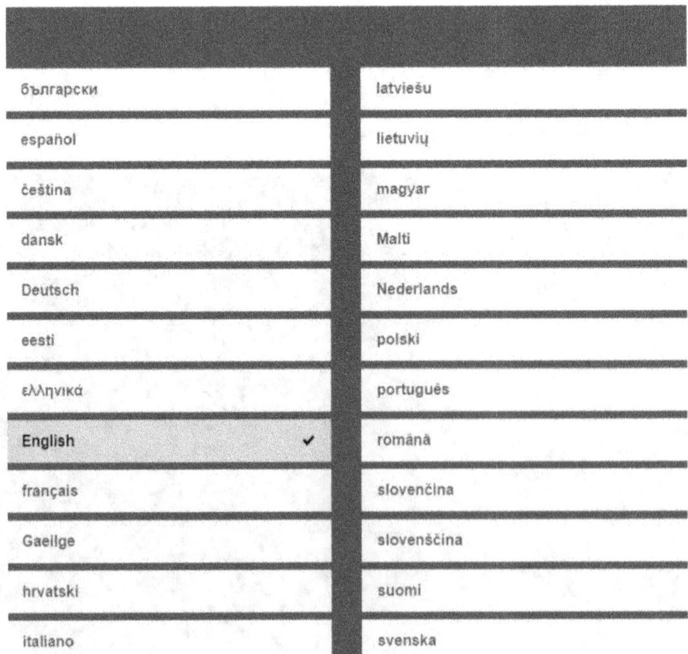

Figure 5–2
Quel est le périmètre linguistique du projet ?
Source : ec.europa.eu

Vous l'aurez compris, définir au mieux les limites évite les mauvaises surprises comme les dépassements de budget, de délais, et permet de commencer le projet sur des bases saines. Faites valider ce périmètre. Le tableau ci-dessous reprend une liste d'idées non exhaustive qui peut servir de pense-bête pour réfléchir au périmètre de votre projet.

Scope du projet	URL	Description	Version linguistique	Actif / En production	Visites par an
Site officiel					
Site thématique					
Site événementiel					
Site transactionnel					
Site partenaire					
Sous-domaine					
Catégorie					
Blog					
Intranet					
Extranet					
Application					

La collecte d'information

Soit vous avez défini le périmètre du projet clairement et vous passez à l'analyse de l'existant, soit vous avez besoin de collecter les informations pour définir ce périmètre.

Comment procéder ?

Mettez votre tuba et vos palmes et suivez-nous !

Figure 5–3
L'architecture de l'information, une plongée en eaux profondes…
Source : https://pxhere.com/fr/photo/156152

L'origine des contenus

Passez à travers l'organigramme de l'entreprise pour identifier les départements de l'entreprise : marketing, communication, support client, département juridique, RH, etc.

Vérifiez quels contenus à valeur ajoutée produits par ces départements sont susceptibles d'être publiés sur le nouveau site.

Dressez une liste de ces contenus en les qualifiant (voir page 52, la section sur la qualification du contenu) : format, fréquence, volume, état, faisabilité, fraîcheur, etc.

Les types de documents

Rassemblez un maximum de types de documents différents : catalogue de produits, brochure commerciale, rapport d'activité, organigramme, mode d'emploi, communiqué de presse, publication, podcast, formulaire, actualité, dossier de fond, annuaire, tableau, fiche, témoignages, etc.

Le format des contenus

Assurez-vous que vous avez collecté tous les formats : texte, audio, vidéo, photo, livre, brochure, catalogue, etc.

Le volume de contenus

Évaluez le nombre de spécimens pour chaque contenu : est-ce une production unique et isolée (la photo du fondateur de l'entreprise trônant fièrement devant l'entrée), une pièce parmi beaucoup d'autres (une fiche produit, une actualité), une publication récurrente (un rapport annuel), une liste limitée (la liste des filiales), etc.

L'architecture déjà existante

Pour avoir une idée de la taille d'un site et de son contenu, rapatriez les URL (*Uniform Resource Locator*) du site à l'aide d'un outil de *crawl*, aspirateur de site en français. Un crawler est un logiciel qui parcourt un site comme le ferait un robot d'un moteur de recherche et qui dresse la liste des URL.

Mon époux un peu « dentellière de Bruges » me souffle à l'oreille qu'on utilise volontiers « aspirateur de site web » en français… Je vous livre ci-dessous ma perception de l'outil !

Selon le type d'outil que vous utilisez, vous obtiendrez des informations supplémentaires très utiles pour chaque URL comme la balise `meta title`, le titre, la `meta description`, les codes de réponse, le type de document, le nombre de liens, de mots, la date de modification, etc.

En établissant cette liste, elle vous révélera la volumétrie de certains contenus (par exemple, des milliers d'actualités), la qualité (30 % renvoient des erreurs 404 et 20 % des pages sont redirigées), les formats (75 % sont des PDF), les priorités, etc., de l'existant.

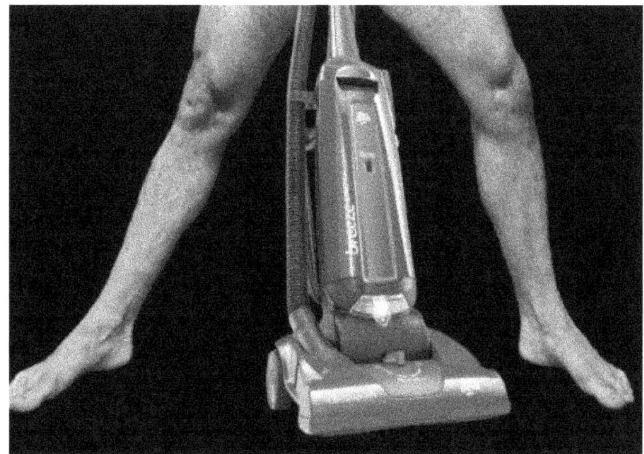

Figure 5–4
L'aspirateur de site version manuel et soft (suivez le lien pour le haut, mesdames)
Source : https://pxhere.com/fr/photo/1592799

Faites valider cette liste par le département informatique et le responsable projet car il est important qu'elle soit exhaustive : elle constituera votre base de travail.

Si le nouveau site est le résultat d'une fusion de plusieurs sites, chacun d'eux sera soumis à cet exercice, bien sûr !

1	Address	Conten	Status (	Indexal	Indexal	Title 1	Meta D	Met	H1-1	Word C	Text Ra	Crawl
1898	https://www.site/fr/Pages/NewsItem.aspx?nid=13198	text/html;	200	Indexable		L'appui bu	Court of a	0	News	1141	6,971049	
1899	https://www.site/fr/Pages/NewsItem.aspx?nid=13212	text/html;	200	Indexable		Entrée en	Court of a	0	News	1111	8,558535	
1900	https://www.site/fr/Pages/NewsItem.aspx?nid=13215	text/html;	200	Indexable		Entrée en	Court of a	0	News	1111	8,558535	
1901	https://www.site/fr/Pages/NewsItem.aspx?nid=13216	text/html;	200	Indexable		La santé p	Court of a	0	News	1007	6,261726	
1902	https://www.site/fr/Pages/NewsItem.aspx?nid=13263	text/html;	200	Indexable		La santé p	Court of a	0	News	1007	6,261726	
1903	https://www.site/fr/Pages/NewsItem.aspx?nid=23	text/html;	200	Indexable		Visit to the	Court of a	0	News	792	6,672091	
1904	https://www.site/fr/Pages/NewsItem.aspx?nid=29	text/html;	200	Indexable		Visit to the	Court of a	0	News	792	6,678624	
1905	https://www.site/fr/Pages/NewsItem.aspx?nid=31	text/html;	200	Indexable		La Cour de	Court of a	0	News	789	6,373539	
1906	https://www.site/fr/Pages/NewsItem.aspx?nid=35	text/html;	200	Indexable		30 years o	Court of a	0	News	862	7,042082	
1907	https://www.site/fr/Pages/NewsItem.aspx?nid=37	text/html;	200	Indexable		50th anniv	Court of a	0	News	828	6,825548	
1908	https://www.site/fr/Pages/NewsItem.aspx?nid=40	text/html;	200	Indexable		2007 Worl	Court of a	0	News	798	6,728608	
1909	https://www.site/fr/Pages/NewsItem.aspx?nid=41	text/html;	200	Indexable		2007 Worl	Court of a	0	News	798	6,728608	
1910	https://www.site/fr/Pages/NewsItem.aspx?nid=42	text/html;	200	Indexable		Presentati	Court of a	0	News	798	6,763248	
1911	https://www.site/fr/Pages/NewsItem.aspx?nid=4209	text/html;	200	Indexable		INVITATIO	Court of a	0	News	802	6,507974	
1912	https://www.site/fr/Pages/NewsItem.aspx?nid=4211	text/html;	200	Indexable		INVITATIO	Court of a	0	News	802	6,507974	
1913	https://www.site/fr/Pages/NewsItem.aspx?nid=4213	text/html;	200	Non-Index	Canonicali	News | CC	Court of a	0	News	754	6,462081	
1914	https://www.site/fr/Pages/NewsItem.aspx?nid=4213&list=News&webUr	text/html;	200	Indexable		News | CC	Court of a	0	News	754	6,462081	
1915	https://www.site/fr/Pages/NewsItem.aspx?nid=4215	text/html;	200	Non-Index	Canonicali	News | CC	Court of a	0	News	754	6,462081	
1916	https://www.site/fr/Pages/NewsItem.aspx?nid=4215&list=News&webUr	text/html;	200	Indexable		News | CC	Court of a	0	News	754	6,462081	
1917	https://www.site/fr/Pages/NewsItem.aspx?nid=4218	text/html;	200	Indexable		Présentati	Court of a	0	News	1076	7,923882	
1918	https://www.site/fr/Pages/NewsItem.aspx?nid=4220	text/html;	200	Indexable		Présentati	Court of a	0	News	1076	7,923882	
1919	https://www.site/fr/Pages/NewsItem.aspx?nid=4221	text/html;	200	Indexable		Le numéro	Court of a	0	News	866	6,832497	
1920	https://www.site/fr/Pages/NewsItem.aspx?nid=4223	text/html;	200	Indexable		Le numéro	Court of a	0	News	866	6,832497	
1921	https://www.site/fr/Pages/NewsItem.aspx?nid=4224	text/html;	200	Indexable		Rapport ar	Court of a	0	News	964	7,324359	
1922	https://www.site/fr/Pages/NewsItem.aspx?nid=4226	text/html;	200	Indexable		Rapport ar	Court of a	0	News	964	7,324359	

Figure 5–5 La liste des URL du site à refondre
Source : Yellowdolphins.com

OUTILS EN LIGNE **Crawlers**

Les gratuits

XENU : http://home.snafu.de/tilman/xenulink.html#Download

LinkExaminer : http://www.analogx.com/contents/download/network/lnkexam/freeware.htm

Kit de ressources SEO de Microsoft :
https://www.microsoft.com/fr-fr/download/details.aspx?id=24823

Les payants

Screaming Frog : https://www.screamingfrog.co.uk/seo-spider/

Ahrefs : https://ahrefs.com/fr/

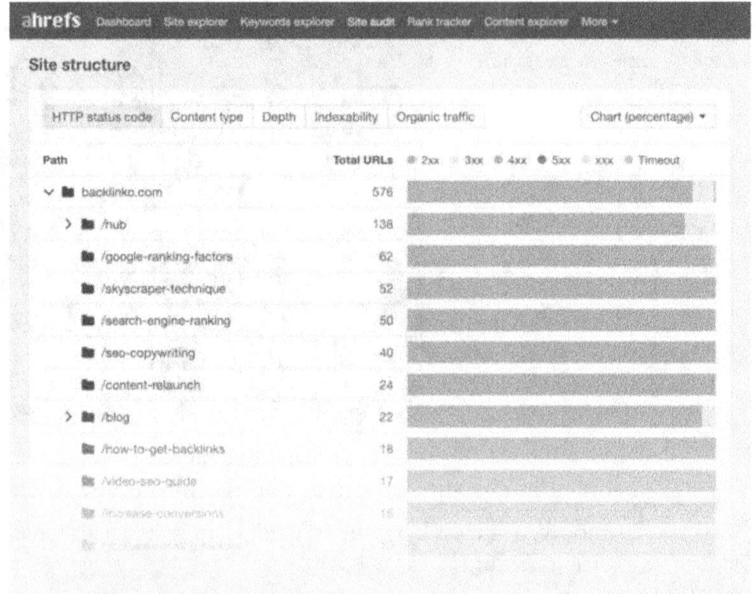

Figure 5–6
L'outil ahrefs donne une idée précise du contenu d'un site.
Source : https://backlinko.com/technical-seo-guide

Les documents clés

Le rapport d'activité, les documents stratégiques, la vision, la mission, les bonnes décisions, les plans marketing, les plans de communication, les rapports annuels, les sondages, les enquêtes précédentes auprès des utilisateurs, les tests utilisateurs, les questions et les commentaires des clients, le support technique, les call center, les assistants, les réceptionnistes, voire si rien de tout cela n'existe, le café informel pour discuter du cœur de l'entreprise, etc., sont autant de pistes pour mieux comprendre :

- D'où vient l'entreprise ?
- Où se situe l'entreprise ?
- Où va l'entreprise ?
- Que veulent les utilisateurs ?
- Que ne veulent plus les utilisateurs ?

Vous compléterez la liste par les incontournables documents qui formalisent la vie, la parole et l'image de l'entreprise : charte graphique, charte éditoriale, document de gouvernance, sans oublier le volet législatif qui, dans certains cas, générera également des contraintes.

Les données statistiques

Les données statistiques sont une source de données incontournables. Malheureusement, toutes les entreprises n'ont pas le loisir de recourir à l'outil de leur choix, et en la matière, il y a données et données. Par exemple, la liste des dix pages les plus populaires ne dit rien sur le parcours de l'utilisateur, ni sur sa recherche, ni sur le profil du visiteur qui pourrait aussi bien être le webmaster dont on a oublié de filtrer l'adresse. Le temps passé (et accumulé) sur une page pendant un an (sic) n'aura pour seul intérêt d'apprendre à votre cadet la conversion des heures en minutes. Le nombre de visites sur une page comptera peut-être, qui sait, parmi ses plus grands fans, un Googlebot ou BingBot, ou la côte ouest des États-Unis qui repart aussitôt en râlant parce que votre nom de domaine correspond au nom de leur idole… Si vous n'avez pas de statistiques exploitables, autorisez l'architecte d'information à conduire des entretiens et des tests pour en savoir plus.

Dans le cas où vous avez accès à des données dignes de ce nom, consultez les données suivantes sur une période d'un an minimum.

Figure 5–7
Restez critique ! Ici, un pic de trafic non qualifié rivalisant avec le Teide augmente artificiellement le taux de clics dans les analyses.
Source : Google Search Console

Les informations sur les pages

Le nombre de visites uniques sur une page mettra en relief les pages les plus populaires. Le taux de rebond vers des pages qui devraient inciter des utilisateurs à poursuivre leur exploration pourrait indiquer un problème éditorial, technique ou un manque d'intérêt pour ce contenu. Sous l'angle de l'architecture, ces pages populaires constitueront des bébés à ne pas jeter avec l'eau du bain de la refonte.

Page	Pages vues	Vues uniques	Temps moyen passé sur la page	Entrées	Taux de rebond
	6 790 289 % du total: 100,00 % (6 790 289)	2 801 366 % du total: 100,00 % (2 801 366)	00:00:19 Valeur moy. pour la vue: 00:00:19 (0,00 %)	1 123 971 % du total: 100,00 % (1 123 971)	9,86 % Valeur moy. pour la vue: 9,86 % (0,00 %)
1. /search/search.php	**415217** (6,11 %)	162916 (5,82 %)	00:00:11	131460 (11,70 %)	1,78 %
2. /	**414046** (6,10 %)	292420 (10,44 %)	00:00:34	264968 (23,57 %)	37,08 %
3. /basket.php	**241639** (3,56 %)	58753 (2,10 %)	00:00:12	1775 (0,16 %)	0,62 %
4. /deals/baby	**117451** (1,73 %)	36035 (1,29 %)	00:00:10	10836 (0,96 %)	0,56 %
5. /account/login.php	**102325** (1,51 %)	43182 (1,54 %)	00:00:11	1061 (0,09 %)	1,13 %
6. sieges-auto-et-poussett	**99585** (1,47 %)	33666 (1,20 %)	00:00:15	1537 (0,14 %)	0,46 %
7. /deals/fun	**90787** (1,34 %)	30416 (1,09 %)	00:00:11	5254 (0,47 %)	0,49 %

Figure 5–8
Les données sur le contenu du site mettent en avant les pages populaires.
Source : https://analytics.google.com/

Les informations sur les visiteurs

De quelle ville ou de quel pays consultent-ils le site ? Quels appareils utilisent-ils pour consulter le site ? Quel âge ont-ils ? Quel est leur sexe ? Sont-ils fidèles ? Sont-ils engagés ?

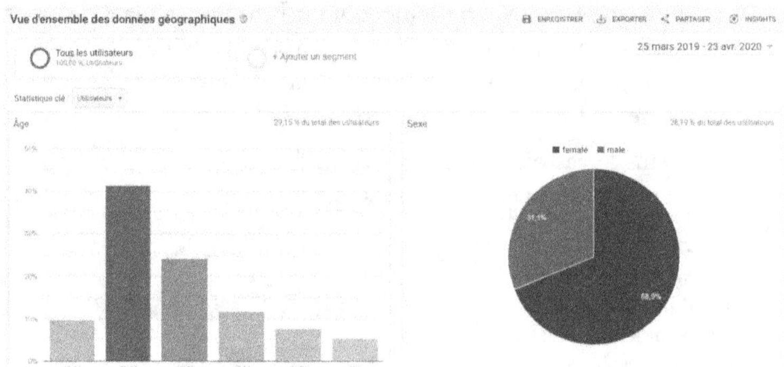

Figure 5–9
Les données démographiques indiquent une majorité d'utilisateurs de sexe féminin.
Source : https://analytics.google.com/

Par exemple, voici les statistiques d'un site e-commerce qui représentent le type d'appareil utilisé pour accéder au site. Elles indiquent clairement que les utilisateurs passent par le mobile pour consulter le site (65 %), mais il semble qu'il y ait également des consultations sur Desktop (25 %).

Des questions aux utilisateurs ont mis en exergue qu'ils préfèrent effectivement finaliser leur achat sur Desktop.

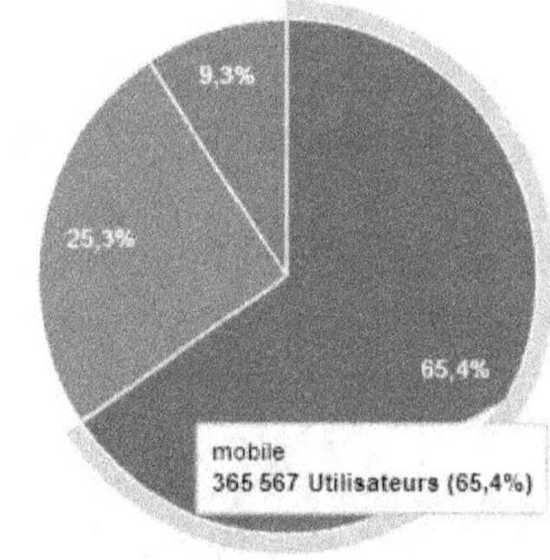

Figure 5–10
Seuls 9 % des utilisateurs passent par une tablette, une indication intéressante s'il faut rationaliser les budgets lors des tests.
Source : https://analytics.google.com/

Figure 5–11
Les statistiques par catégorie d'appareil
Source : https://analytics.google.com/

Catégorie d'appareil	Utilisateurs	Utilisateurs
	556 106 % du total: 100,00 % (556 106)	556 106 % du total: 100,00 % (556 106)
1. mobile	365 567	65,42 %
2. desktop	141 432	25,31 %
3. tablet	51 796	9,27 %

Les logs du moteur de recherche

Les logs du moteur de recherche interne sont à l'architecte d'information ce que le petit apéro du vendredi soir est à mon épicurien d'époux : une grande source de joie et de gratitude.

Vous y puiserez non pas la vérité, mais des informations très intéressantes comme ce que recherchent véritablement les visiteurs, les mots et les expressions qu'ils utilisent, la récurrence de leurs recherches, etc.

Un système plus avancé vous indiquera même les requêtes :

- qui n'ont retourné aucun résultat : il vous revient alors d'identifier s'il s'agit d'un problème de saisie, de mots-clés ou si les documents n'existent pas sur le site auquel cas, vous envisagerez de l'ajouter ;
- qui retournent une avalanche de résultats : il est parfois difficile de mesurer leur pertinence. Dans ce cas, vous travaillerez sur les tags, les descriptions, par exemple, etc.

Figure 5–12
Exemple de champs repris dans les statistiques du moteur de recherche
Source : Yellowdolphins.com

Label	Searches	Pageviews	Exits	Search Results pages	Avg. time on page	% Search Exits
agriculture	100	203	3	2	7	3%
traineeship	92	127	14	1.4	52	15%
agencies	76	183	19	2.4	30	25%
tav	72	114	1	1.6	2	1%
annual report	71	129	4	1.8	19	6%
fraud	66	151	5	2.3	18	8%
maroc	54	83	5	1.5	56	9%
transport	51	158	3	3.1	3	6%
cohesion	46	333	2	7.2	6	4%
special report	46	112	5	2.4	19	11%
turkey	44	89	20	2	55	45%
defence	43	70	5	1.6	7	12%
e-commerce	43	85	4	2	8	9%
internship	43	63	6	1.5	2	14%
manual	43	88	11	2	57	26%
jobs	42	56	7	1.3	3	17%
stage	42	63	7	1.5	16	17%
procurement	41	130	6	3.2	40	15%
customs	37	118	5	3.2	11	14%
migration	37	114	4	3.1	13	11%
climate	34	128	5	3.8	18	15%

Google Search Console

Si vous avez accès aux données de la Google Search Console, jetez un coup d'œil aux requêtes qui amènent les visiteurs sur vos pages.

- Si des mots-clés importants pour l'entreprise ne figurent pas dans la liste, cela peut indiquer que le contenu utile du site en rapport avec ces mots-clés n'est pas suffisant. Il se peut également que la structure du site ne soit pas optimisée par rapport à ces mots-clés. Dans ce cas, il se peut que les moteurs ne considèrent pas le site pertinent pour ces requêtes. Cela peut s'expliquer par le fait que des pages sont trop enfouies dans l'arborescence ou ne sont pas assez reliées à la structure générale.

Figure 5–13
Les tableaux de requêtes donnent des indications à l'architecte de contenu.
Source : https://analytics.google.com/

REQUÊTES PAGES PAYS APPAREILS APPARENCE DANS LES RÉSULTATS DE RECHERCHE DATES

Requête	↓ Clics	CTR
poussette canne	79	3,7 %
echarpe de portage	73	4,5 %
joie i spin 360	72	17,5 %
sangenic recharge	70	9,1 %
humidificateur d'air	68	2,6 %
lit parapluie cododo	61	9,2 %

- Si des requêtes sont associées à des impressions élevées et un taux de clics (CTR) bas, cela signifie que les métadonnées des contenus peuvent être améliorées pour attirer l'attention des internautes, notamment les titres et les extraits.

Définitions : impression et CTR

Dans Search Console, une **impression** est en lien avec l'affichage de l'URL d'un site sur la page de résultats de Google proposée à un internaute suite à sa requête.
Le nombre d'impressions est égal au nombre de liens vers ce site qui s'affichent sur la page de résultats, même si l'internaute n'a pas fait défiler la page pour les rendre visibles.
En revanche, si l'internaute ne consulte que la première page et que le lien se trouve sur la page 2, l'impression n'est pas comptabilisée.
Le **taux de clics** (ou CTR) indique la proportion d'utilisateurs qui voient votre annonce et cliquent dessus. Le taux de clics permet d'estimer les performances de vos mots-clés et de vos annonces.
Source : https://search.google.com/

Le brainstorming

Le *brainstorming* (ou remue-méninges) est une méthode utilisée pour résoudre un problème ou collecter des idées nombreuses et originales lors d'une réunion informelle sous l'impulsion d'un animateur. Le principe repose sur l'absence de jugement et d'autocensure.

Vous identifierez facilement les avantages de cette méthode ! Son absence de formalisme et son caractère ludique permettent de sortir des sentiers battus ou de ne pas bloquer le projet au stade des premières propositions. Cette approche permet de réunir plusieurs univers et métiers autour de la table (public cible, mais aussi graphiste, rédacteur, markéteur, informaticien, etc.) pour décloisonner le projet.

Bien sûr, le brainstorming a également des inconvénients. Il mobilise du monde, ce qui peut entraîner des frais. L'effet de groupe peut conduire les participants à chercher le compromis plutôt que d'aller à la pêche aux idées originales. D'autre part, en se focalisant sur une seule idée, on peut vite perdre du temps et de l'énergie, ce qui est contre-productif. En l'absence d'un modérateur, le brainstorming peut rapidement mener au chaos. Et enfin, en présence d'un supérieur hiérarchique qui pourrait bloquer les participants, la réunion (ré)créative peut vite tourner court. À éviter !

Figure 5–14
Le brainstorming, une démarche ludique et créative… en général !
Source : https://pxhere.com/fr/photo/1456313

Quoi qu'il en soit, si vous faites un brainstorming en petit comité (relax) pour identifier ce qui pourrait venir enrichir le site existant, voici la marche à suivre :

1. constituez un groupe de 5 ou 6 personnes ;
2. désignez un animateur, capable de se détacher du cadre ;
3. définissez le but (ex. : trouver des idées de contenus, etc.) ;
4. rappelez les principes du brainstorming : collecter le plus d'idées possible, s'exprimer sans autocensure, rebondir sans critiquer ;
5. notez toutes les idées, sans filtrer ;
6. laissez le temps à la créativité de s'installer : minimum 45 mn ;
7. confrontez les idées créatives aux contraintes du projet (budget, ressources, risque stratégique, faisabilité, aspects juridiques, etc.).

Et en passant… Avez-vous pris connaissance des remontées d'information issues des clients ?

Le benchmark

Enrichissez votre analyse par un benchmark. Identifiez d'autres sites web ou intranets et relevez leurs forces et faiblesses.

- Que font-ils mieux ?
- Quelles sont les bonnes pratiques ?
- Qu'ont-ils que vous pourriez développer ?
- Que faut-il absolument éviter ?

Imaginez que vous identifiez une problématique liée à la catégorie Publications. Vous décidez de mener un benchmark dans le secteur afin d'épingler des bonnes et mauvaises pratiques.

Le site proposé ici en exemple regroupe sous le terme Médiathèque un ensemble de rubriques : blog, espace presse, événements, publications, tableaux de bord du FEIS, Registre public, multimédia et *Data Portal*. Est-ce une piste ? Cela mérite d'être analysé ! Vous pourrez toujours émettre une réserve. Dans notre exemple, elle pourrait être :

« Garder une cohérence entre le menu et le contenu au cœur de la page. Dans notre exemple, la page offre une navigation tantôt redondante (publications, événements), tantôt complémentaire (actualités, projets à la une et essais, vidéos, podcasts, partage des connaissances, notre bulletin électronique) aux éléments présents dans le méga-menu. Ce manque de consistance peut dérouter l'utilisateur. »

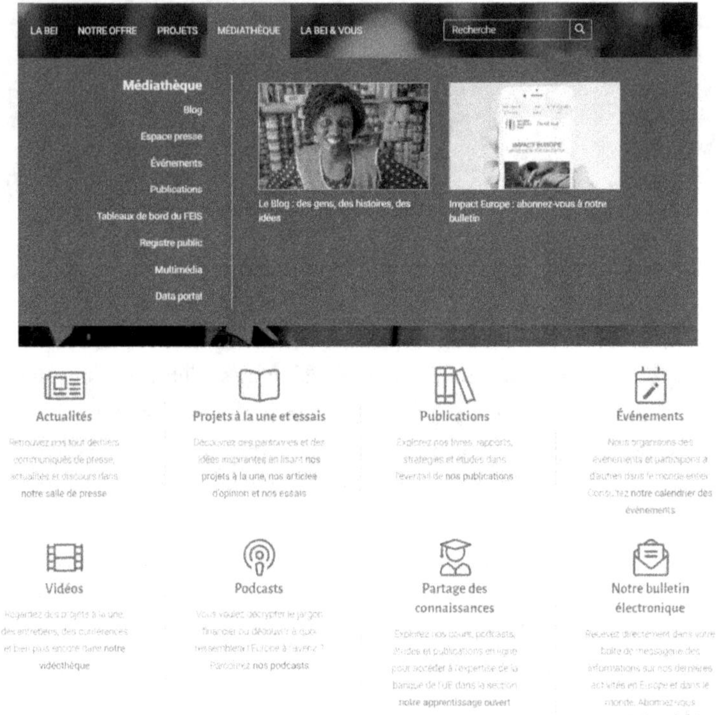

Figure 5–15
Le méga-menu offre des sous-catégories tantôt redondantes, tantôt complémentaires par rapport aux pavés affichés au cœur de la page, ce qui peut induire une certaine confusion auprès de l'utilisateur.
Source : https://www.eib.org/

La qualification du contenu

Une fois la collecte de contenu terminée, l'étape suivante est de qualifier ce contenu.

Derrière l'expression « qualifier ce contenu » se cache une liste de critères à analyser que vous compléterez en fonction des données déjà collectées :

- **Les métadonnées structurelles :** titre, sous-titre(s), sections, niveau dans la structure, etc.
- **Les métadonnées descriptives :** description du contenu, format, taille, public cible, degré d'importance, récurrence, type de fichier, popularité de la page, langue, tags, etc.
- **Les métadonnées liées à la gestion :** auteur, date de création, fraîcheur, obsolescence, à mettre à jour, à supprimer, à archiver, etc.

Vous pourriez repartir de la liste des contenus du site existant et ajouter votre pêche des derniers jours. Dans ce cas, sous la liste des URL, vous créerez de nouvelles entrées : rapport annuel X, rapport d'activité X, banque d'images X, conférence X, etc. (dans notre exemple, tout rapport avec des contenus X existant ou ayant existés est purement fortuit) !

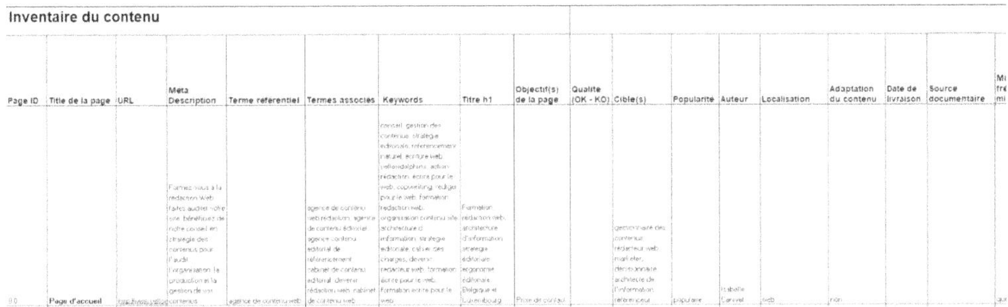

Inventaire du contenu

Page ID	Title de la page	URL	Meta Description	Terme référentiel	Termes associés	Keywords	Titre h1	Objectif(s) de la page	Qualité (OK - KO)	Cible(s)	Popularité	Auteur	Localisation	Adaptation du contenu	Date de livraison	Source documentaire	Mi fré mi
0.0	Page d'accueil	http://www.yellow[illegible]	Formez-vous à la rédaction Web, faites auditer votre site, bénéficiez de notre conseil en stratégie des contenus pour l'audit, l'organisation, la production et la gestion de vos contenus	agence de contenu web	agence de contenu web rédaction, agence de contenu éditorial, agence contenu éditorial de référencement, cabinet de contenu éditorial, devenir rédaction web, cabinet de contenu web	conseil, gestion des contenus, stratégie éditoriale, référencement naturel, écriture web, yellowdolphins, action rédaction, écrire pour le web, copywriting, rédiger pour le web, formation rédaction web, organisation contenu site, architecture d'information, stratégie éditoriale, cahier des charges, devenir rédacteur web, formation écrire pour le web, formation écrire pour le web	Formation rédaction web, architecture d'information, stratégie éditoriale, ergonomie éditoriale, Belgique et Luxembourg	Prise de contact		gestionnaire des contenus, rédacteur web, marketer, décisionnaire, architecte de l'information, référenceur	populaire	Isabelle Canivet	web	non			qu[illegible]

Figure 5–16 L'inventaire du contenu peut prendre la forme d'un tableau.
Source : Yellowdolphins.com

Lors de cette analyse, une attention particulière sera accordée à la logique que vous arrivez à déceler. Trouvez-vous des récurrences ? Des relations entre certains objets ? Une hiérarchie possible ? Des redondances ? Des regroupements possibles ? Notez vos réflexions, elles seront très utiles ultérieurement.

Les intouchables et les incorruptibles

À l'occasion de la collecte, vous croiserez peut-être certains contenus « intouchables », dont un (ou une) jeune, ou vieux, loup a fait sa chasse gardée ? Dans un premier temps, faites comme le roseau incorruptible qui fléchit légèrement dans le vent du désert brûlant…, mais qui ne craque pas. En français : prenez note, mais ne capitulez pas tout de suite devant l'inflexibilité de toucher à ce contenu.

Vous mesurez ainsi le capital exploitable, les lacunes thématiques… et obtenez surtout une vraie connaissance des sujets, utile pour alimenter les équipes UX.

Ressources Stratégie de contenu

Bien rédiger pour le web. Stratégie de contenu pour améliorer son référencement naturel, Isabelle Canivet, Eyrolles (5e édition à venir).

La stratégie de contenu, Isabelle Canivet et Jean-Marc Hardy, Eyrolles (2012)

À vous ! Le périmètre du projet est-il bien défini ? Procédez à la collecte d'information et à la qualification du contenu

Questions	Actions	Échéances
Ai-je bien défini le périmètre du projet ?		
• Quelle(s) langue(s) ?		
• Les sous-domaines sont-ils inclus ?		
• Et l'extranet ?		
• On s'attaque au moteur de recherche ?		
•		

Comment vais-je m'y prendre pour la collecte des informations ?		
• Par département		
• Par format de document		
• Par type de contenu		
•		

Qui va analyser les données ?		
• Les statistiques		
• Le contenu		
• Les logs		
•		

Qui va qualifier le contenu ?		
•		
•		

6

Concevoir l'architecture d'information

Vous avez terminé la phase de collecte d'information en tout genre. Vous voilà à présent avec une belle pile de données sur les bras. « Et qu'est-ce qu'on fait maintenant ? »

Figure 6–1
Toute ressemblance avec un site existant ou ayant existé est purement fortuite.
Source : https://pxhere.com/fr/photo/685685

Les composantes de l'architecture d'information

À l'idéal, chaque page devrait répondre au(x) besoin(s) des utilisateurs. Dès lors, il est important d'identifier les questions les plus courantes par rapport à la thématique abordée… et d'y répondre.

Si on prend la page d'accueil d'une école, voici une liste de questions que l'utilisateur pourrait se poser et pour chaque question, une façon d'y répondre :

Questions posées par l'utilisateur	Réponses apportées par l'entreprise
Où suis-je ?	Logo, nom de l'école
Comment naviguer sur ce site ?	Menu et sous-menu avec les catégories clairement libellées
Comment trouver l'information X que je cherche ?	Moteur de recherche
Quel est l'élément de différenciation de cette école ?	Baseline sous le logo, description avec les valeurs et la mission de l'école
Quelles options sont disponibles ?	Rubrique présentant les programmes par classe et par niveau
Proposent-ils des activités ?	Mise en avant du programme sportif après les cours
Comment s'inscrire ?	Lien raccourci vers le formulaire d'inscription et la journée porte ouverte
Comment les contacter ?	Adresse et coordonnées en pied de page

Pour répondre à ces questions, le site va pouvoir s'appuyer sur différentes composantes qui, mises toutes ensemble, vont orchestrer le système d'information.

- **Le système d'organisation** : il structure les contenus selon différentes logiques : par thème, par cible, par tâche, par chronologie, etc. Par exemple, un affichage des actualités par ordre anti-chronologique.
- **Le système d'étiquetage** : il nomme les différents éléments du site comme les catégories et les rubriques, les liens, les options dans un langage compréhensible par l'utilisateur, autant que possible il est, dirait Maître Yoda ! Par exemple : Contact, Nouveautés, Télécharger le rapport, etc.
- **Le système de navigation** : il propose un ensemble prédéfini de cheminements sous forme de menus et de liens afin d'aider l'utilisateur à naviguer dans les contenus du site. Voici les principaux éléments utilisés : menu ou sous-menu, fil d'Ariane, lien raccourci, liens contextuels, liste alphabétique, tag, carte géographique, ligne du temps chronologique, plan du site, etc.
- **Le système de recherche** : il permet à l'utilisateur de saisir ses propres requêtes et de chercher un contenu. Le moteur de recherche est composé d'une interface de recherche, de filtres et de facettes permettant d'ajouter des critères. Il s'appuie sur des règles grammaticales, sur des opérateurs (ET/OU, etc.), sur des vérificateurs orthographiques, des systèmes d'auto-complétion (qui complètent la requête au fur et à mesure que l'utilisateur l'encode) ou encore sur des systèmes de pondération qui permettent d'augmenter la performance en affinant les résultats (plus de poids pour les documents récents, par exemple).

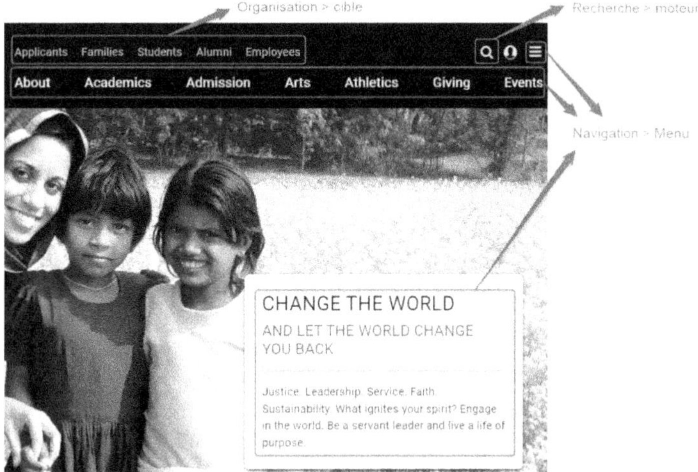

Figure 6–2
La page donne accès au contenu par thème, cible et recherche mots-clés.
Source : https://gustavus.edu/

Dans l'exemple suivant, cette page extraite d'un site de recettes montre énormément d'éléments qui permettent aux utilisateurs d'explorer le contenu par les techniques de base évoquées. Citons notamment :

- le moteur de recherche pour trouver une recette ou un ingrédient ;
- le menu pour accéder à d'autres recettes ou types de contenu ;
- le fil d'Ariane pour vous repérer dans le site ;
- des tags pour consulter des recettes thématiques : entrée, végétarien, etc. ;
- la recette pas-à-pas en photos ;
- le bloc avec les ingrédients nécessaires à la recette ;
- les indicateurs pratiques : temps, degré de facilité, coût, etc. ;
- la recette en vidéo ;
- la recette écrite ;
- le bloc de liens sponsorisés ;
- une suggestion de recettes sélectionnées à partir de tags associés ;
- une suggestion de recettes supplémentaires à partir du mot-clé.

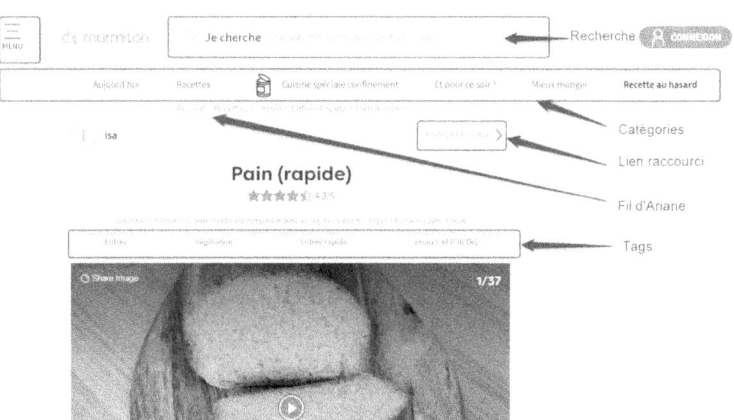

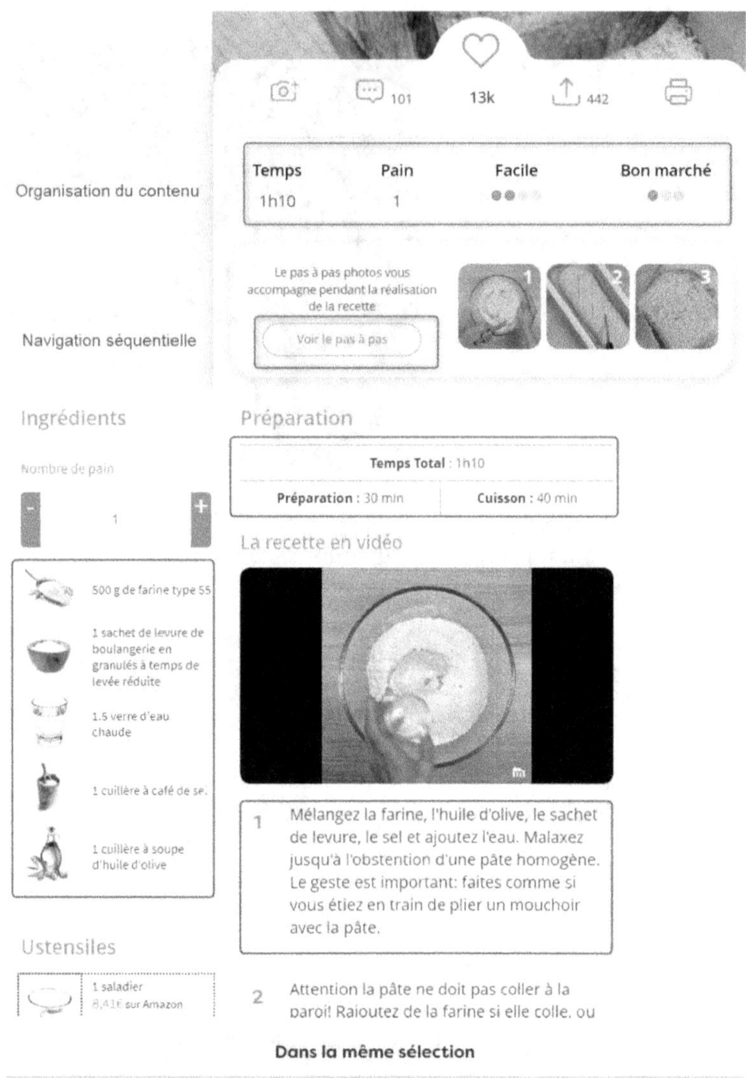
101
13k
442
Organisation du contenu
Temps
1h10
Pain
1
Facile
Bon marché
Le pas à pas photos vous accompagne pendant la réalisation de la recette
Voir le pas à pas
Navigation séquentielle
Ingrédients
Nombre de pain
1
500 g de farine type 55
1 sachet de levure de boulangerie en granulés à temps de levée réduite
1.5 verre d'eau chaude
1 cuillère à café de sel
1 cuillère à soupe d'huile d'olive
Ustensiles
1 saladier
8,41€ sur Amazon
Préparation
Temps Total : 1h10
Préparation : 30 min
Cuisson : 40 min
La recette en vidéo
1
Mélangez la farine, l'huile d'olive, le sachet de levure, le sel et ajoutez l'eau. Malaxez jusqu'à l'obstention d'une pâte homogène. Le geste est important: faites comme si vous étiez en train de plier un mouchoir avec la pâte.
2
Attention la pâte ne doit pas coller à la paroi! Rajoutez de la farine si elle colle, ou

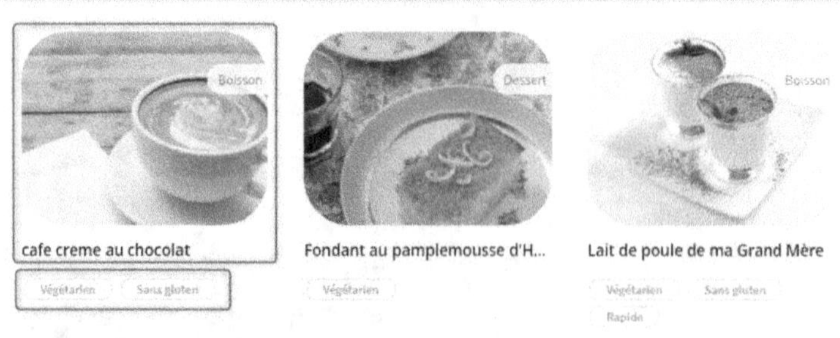
Dans la même sélection
Boisson
cafe creme au chocolat
Végétarien
Sans gluten
Dessert
Fondant au pamplemousse d'H...
Végétarien
Boisson
Lait de poule de ma Grand Mère
Végétarien
Sans gluten
Rapide

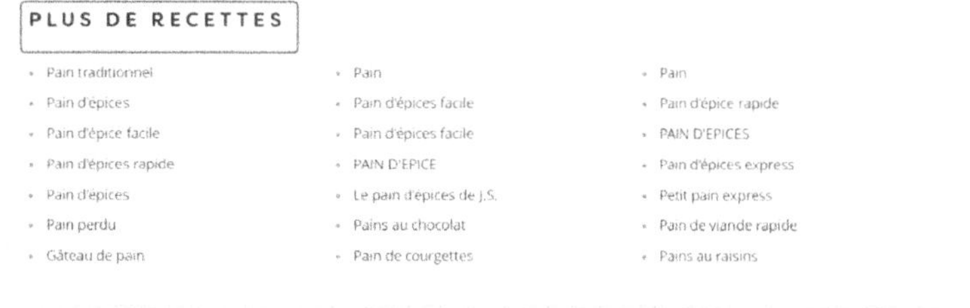

Figure 6–3
Ce site propose une architecture riche favorisant l'accroche et la navigation.
Source : https://www.marmiton.org/recettes/recette_pain-rapide_14672.aspx

L'organisation de l'information

L'organisation de l'information d'un site web ou d'un intranet doit répondre à une logique. Choisissez par exemple une approche par thème, cible, tâche, chronologie, etc.

Vous en conviendrez, la notion même « d'organisation » est très subjective. Mon dauphin de mari est très organisé (dit-il) dans son bureau. Le terme « organisation » est assurément très subjectif. Dès lors, attendez-vous à devoir relever quelques défis.

Les principaux défis

- **L'ambiguïté :** tel objet pourrait se retrouver dans deux catégories, tel libellé peut être compris de plusieurs façons, votre tâche sera de lever l'ambiguïté de sorte que l'utilisateur ne soit pas dans l'hésitation.
- **L'hétérogénéité :** un site web regroupe plusieurs documents, thèmes, et il est important de trouver une manière d'organiser le tout, et de permettre l'accès, en général de plusieurs façons, de sorte d'éviter l'effet « bric-à-brac ». L'art est de trouver un sens global à des informations variées en donnant un fil rouge.
- **La subjectivité :** les personnes ont des points de vue différents sur l'organisation, c'est sûr, comme je l'ai dit en introduction, la simple observation des différences entre (l'ordre sur) le bureau de mon mari et le mien, celui de ma fille ou de mon fils, on peut facilement comprendre que chacun a sa propre conception de l'organisation ! Et pourtant, ce sera le travail de l'architecte de trouver le plus grand dénominateur commun de la cible pour organiser le contenu.
- **La politique :** que vient faire la politique ici, me direz-vous ? Et pourtant, un des défis est de trouver parfois le meilleur compromis entre des prises de position favorables pour les utilisateurs, des situations de pouvoir et de jeux d'influence qui placeront le site entre le marteau et l'enclume.

Les schémas d'organisation

Il y a plusieurs manières d'organiser l'information sur un site, de la liste des tâches récurrentes à l'annuaire téléphonique de l'entreprise, voici quelques modes courants.

La liste par sujets ou organisation thématique

Elle organise l'information par sujets ou thèmes sous forme de catégories et sous-catégories, c'est la forme d'organisation la plus courante. Dans ce cas, elle doit couvrir tout le contenu, les produits et les services offerts et à venir du site.

Le magasin Ikea affiche sa gamme de produits par sujets : meubles, décoration, rangement, etc.

IKEA

Produits

Offres

Nouveautés

Été

Meubles >

Décoration

Rangement

Lits et matelas

Linge de maison et textile

Cuisine et électroménager

Arts de la table, vaisselle et ustensiles de cuisine

Salle de bain

Bébé et enfant

Mobilier et accessoires d'extérieur

Meubles

Tous les produits

Canapés

Fauteuils et meridiennes

Meubles TV

Bibliothèques et étagères

Rangements bureau et salon

Buffets et consoles

Tables et bureaux

Chaises

Tables et chaises de bar

Mobilier de café et restaurant

Dessertes et îlots

Lits

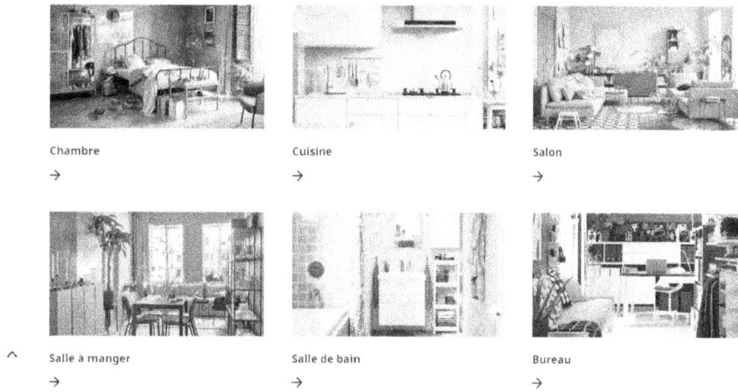

Figure 6–4
Le magasin de meubles s'explore au travers d'une liste de sujets, en fouillant un peu, ou en entrant dans les différentes pièces de vie.
Source : https://www.ikea.com/fr/fr/

La liste par tâches

Elle organise les contenus en fonction d'actions, de démarches et de processus. Par exemple, je change de fournisseurs, je change d'abonnement, je déménage, je paie ma facture, etc. Cette organisation est pertinente quand les tâches sont bien identifiées et que leur nombre est limité.

C'est dans ce cas précis que les étiquettes prendront la forme de verbes d'action.

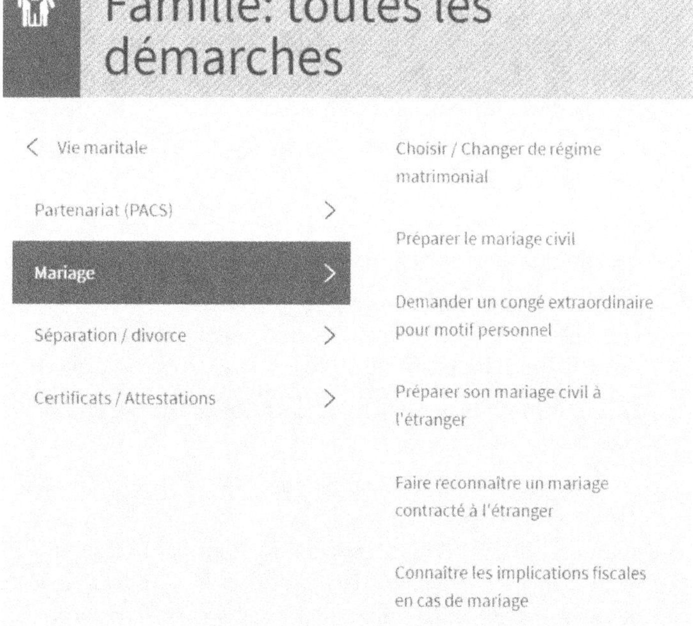

Figure 6–5
L'approche par tâches d'un site institutionnel
Source : https://guichet.public.lu/fr/citoyens/famille.html

La liste par cibles

Elle organise le contenu en fonction d'audiences bien identifiées qui présentent des besoins suffisamment différents entre elles.

D'expérience, c'est l'approche qui présente le plus d'ambiguïtés et qui peut s'avérer très frustrante pour le visiteur. Elle met vite des étiquettes sur des personnes qui n'entrent pas forcément dans les cases prévues. Si cette approche est envisagée, il importe de bien vérifier les hypothèses sur lesquelles elle est construite.

Une clé sera le degré de redondance du contenu entre les différentes audiences : si cette redondance est trop forte (par exemple, 60 % du contenu identique pour chaque cible), abandonnez l'idée d'un découpage par cible !

Figure 6–6
L'accès par audiences d'un site institutionnel
Source : https://guichet.public.lu/fr.html

Il y a quelques années, un important opérateur télécom en Belgique avait décidé de segmenter son site web en six profils : grandes entreprises, PME, indépendants, particuliers, etc. Les rédacteurs ont été invités à réécrire les contenus pour chaque cible, soit six fois, ce qui représente également un formidable défi pour éviter le contenu dupliqué ! Ont-ils eu le temps d'arriver au bout du chantier ? Nous ne le saurons jamais : cette organisation du contenu n'a pas résisté au temps.

La liste chronologique

Elle organise l'information en se basant sur la ligne du temps. C'est le cas des actualités, des événements, des faits historiques, des gammes de produits, par exemple.

On trouve beaucoup ce type d'approche dans la presse. Pour les accros des mauvaises bonnes nouvelles en continu, les journaux proposent même des fils d'information qui déroulent l'actualité minute par minute, c'est une approche « ultra-chronologique ».

De manière générale, les actualités d'une entreprise sont présentées de la plus récente à la plus ancienne.

Dans le cas où l'utilisateur n'est pas intéressé par l'approche chronologique, vous proposerez des alternatives pour trouver l'information, par exemple une recherche par mot-clé, par thématique, par localisation géographique ou par catégorie. C'est l'organisation qu'a choisie le journal *Le Monde* qui, au-dessus de son fil d'information, permet d'accéder à l'actualité par des tags, correspondant aux sujets populaires du moment.

Figure 6–7
Le fil d'information affiche les articles publiés par ordre chronologique, tous thèmes confondus.
Source : https://www.lemonde.fr/

Figure 6–8
Au-dessus de son fil chronologique, le journal propose des tags pour accéder directement à une thématique traitée dans l'actualité du jour.
Source : https://www.lemonde.fr/

La liste géographique

Elle organise l'information par localisation géographique, soit via une liste de lieux, soit via des cartes navigables, par exemple.

Figure 6–9
Le journal Le Soir propose un accès direct à l'actualité nationale (Belgique) ou internationale (Monde).
Source : https://www.lesoir.be/

L'approche géographique est très fortement exploitée par Google. Recherchez un restaurant et vous accédez à une carte où différents lieux sont épinglés en plus d'être repris dans une liste sous la carte géographique. Cette alternative par liste d'adresses permet de contourner la carte géographique, le cas échéant.

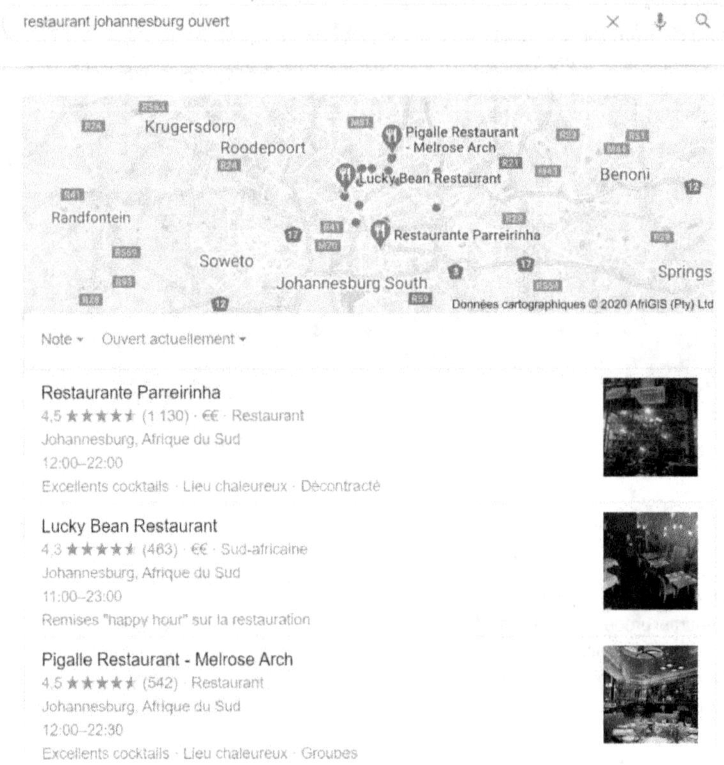

Figure 6–10
Sur Google, l'accès à l'information géolocalisée peut se faire à partir d'un plan.
Source : google.be

La liste alphabétique

Elle organise l'information par ordre alphabétique, que ce soit une liste de noms, de produits, de départements, de pays, de services.

Dans ce cas, l'utilisateur trouvera l'information s'il connaît le nom précis de ce qu'il cherche, par exemple, le numéro de téléphone de Christophe Cologne.

S'il ne connaît pas le nom précis, il est important de fournir une alternative pour trouver cette information. Dans ce cas précis, vous pourriez proposer une page regroupant, sous chaque service, les collaborateurs ainsi que leurs fonction, responsabilités et numéro de téléphone.

L'annuaire inversé est une bonne alternative à la recherche alphabétique qui permet de trouver le nom d'une personne à partir d'un numéro de téléphone.

Figure 6–11
L'annuaire téléphonique propose un accès par ordre alphabétique.
Source : http://www.1307.be/

Avocat à Bruxelles

2 3 4 5

Charlier Paul

Adresse Rue de la Bonte 4 AB7 1000 Bruxelles
Activités Activités des avocats

Chomé Thierry

Adresse Avenue Franklin Roosevelt 186 1050 Bruxelles
Activités Activités des avocats

Cologne Christophe

Adresse Eedgenotenstraat 118 1000 Brussel
Activités Activités des avocats

Commission d'Aide Juridique Française Arr

Adresse Regentschapsstraat 63 1000 Brussel
Activités Activités des avocats Justice

Figure 6–12
L'annuaire inversé propose une alternative à la recherche alphabétique.
Source : https://www.linternaute.com/pages-blanches/

AVEC L'ANNUAIRE INVERSÉ, TROUVEZ LE PROPRIÉTAIRE D'UN NUMÉRO DE TÉLÉPHONE

Remarque

Si au sein d'un même espace, vous mélangez les genres, par exemple, un schéma d'organisation par sujets (la liste des formulaires) et un autre par tâches (commander la vignette), faites en sorte qu'ils portent sur un nombre restreint de contenus de sorte que l'utilisateur puisse rapidement appréhender l'offre.

Si vous offrez plusieurs accès, par exemple une organisation par sujets, par audiences et une liste alphabétique, séparez-les. Dans le site de l'université belge, le pied de page propose un accès par audiences (Vous êtes) et une liste thématique (facultés, instituts et écoles). Les deux logiques sont clairement séparées. Le *À propos* au milieu qui ne répond pas à une logique clairement identifiable pose davantage problème.

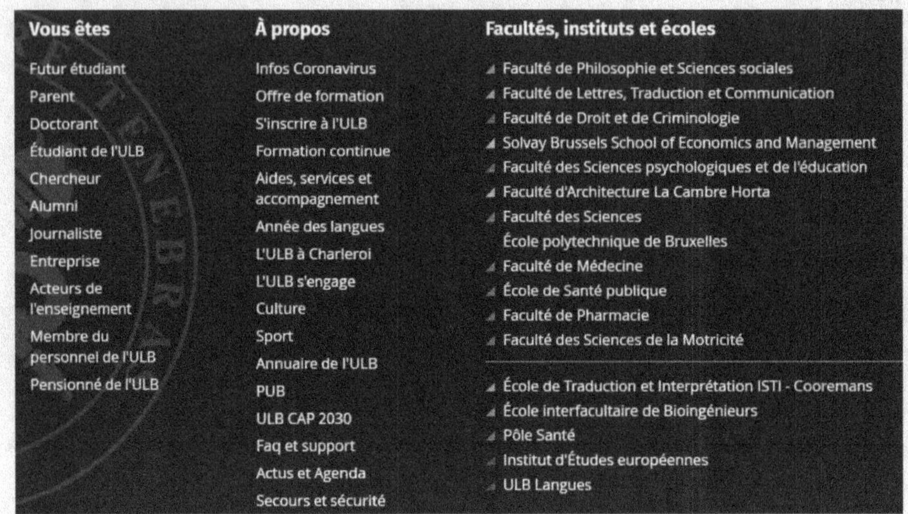

Figure 6–13 Les accès par audiences (à gauche) et par listes thématiques (à droite) sont clairement séparés.
Source : https://www.ulb.be/

Cas d'étude : de l'identification des tâches récurrentes à l'action

Une fois que vous avez identifié les éléments du schéma d'organisation, hiérarchisez-les en instaurant un ordre du plus important/utilisé/consulté au moins important/utilisé/consulté.
Par exemple, une enquête menée auprès des utilisateurs d'un intranet d'une grande institution a révélé qu'ils effectuaient les tâches suivantes, par ordre de récurrence :

- Tâche n° 1 : 83 % > Accéder à des formulaires administratifs
- Tâche n° 2 : 58,6 % > Consulter l'annuaire de l'institution
- Tâche n° 3 : 55,5 % > Accéder à des applications en relation avec les ressources humaines
- Tâche n° 4 : 34,6 % > Rechercher des documents
- Tâche n° 5 : 27,4 % > Consulter les actualités spécifiques aux institutions
- Tâche n° 6 : 26,1 % > Consulter les actualités du département de communication de l'intranet
- Tâche n° 7 : 23,2 % > Consulter les petites annonces
- Tâche n° 8 : 16,3 % > Consulter la section de travail spécifique au travail de l'institution

Suite à cette enquête, nous avons pu faire des recommandations concrètes au niveau des priorités.
Croisez toujours plusieurs sources de données ! Dans le cas ci-dessus, en croisant les données, nous avions remarqué un biais au niveau de l'enquête. C'est le cas de la consultation des *Petites annonces*. Seulement 23 % des utilisateurs assumaient qu'ils surfaient sur cette section, amenant cette tâche à la 7e place, alors que les statistiques de trafic affichaient une très forte popularité pour cette rubrique.

Tâches		Faiblesses	Actions
1 – 83 %	Accéder aux formulaires administratifs	Pages incomplètes et formulaires inexistants	Effectuer un travail de fond sur les pages de contenu et formulaires
2 – 58 %	Consulter l'annuaire de l'institution	/	Travailler sur l'ergonomie de l'annuaire
3 – 55 %	Accéder à des applications en relation avec les ressources humaines	Obligation de passer par l'intranet pour accéder aux applications	Mieux intégrer les applications dans l'environnement de travail, permettre l'accès « single sign on »
4 – 34 %	Rechercher des documents	Moteur de recherche inefficace	Effectuer un travail de fond sur le moteur de recherche interne
5 – 27 %	Consulter les actualités spécifiques aux institutions	/	Donner la possibilité de personnaliser des accès vers d'autres ressources
6 – 26 %	Consulter les actualités du département de communication de l'intranet	Trop d'importance accordée aux actualités très peu appréciées	Diminuer la production des actualités au profit des pages de fond
7 – 23 %	Consulter les petites annonces	Biais de l'enquête : les statistiques de trafic ont montré que c'était une section très populaire	La rubrique a été retravaillée afin de faciliter l'accès aux informations et que les utilisateurs perdent moins de temps.
8 – 17 %	Consulter la section de travail spécifique au travail de l'institution	/	Donner la possibilité de personnaliser des accès vers d'autres ressources

Les structures d'organisation

Un site web s'appuie sur des structures d'organisation. Nous pouvons en identifier trois : les structures hiérarchiques, les structures hypertextes et les modèles de bases de données. La plupart des sites font appel aux trois structures.

La structure hiérarchique

Ce type de structure est très présent dans le monde qui nous entoure, depuis le classement du monde animal qu'on apprend dès le plus jeune âge à l'organigramme d'une entreprise (toute ressemblance entre les animaux et les espèces d'un organigramme est *totalement* fortuite), de sorte que l'utilisateur connaît bien cette logique.

La plupart des sites sont construits sur une structure hiérarchique descendante, du plus général au plus détaillé avec des sous-ensembles exclusifs et des relations de type parent-enfant.

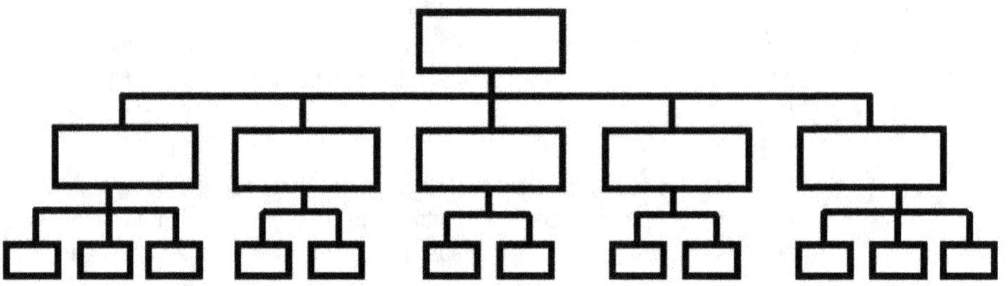

Cette structure suivra quelques règles importantes :

- Les catégories sont mutuellement exclusives, c'est-à-dire que dans l'idéal, un élément n'apparaît pas dans deux catégories. Que l'esprit l'emporte sur la lettre ! Si vous hésitez à classer la tomate sous la catégorie des fruits ou bien sous celle des légumes, de grâce, ne la coupez pas en deux, mettez-la sous les deux catégories et que cela reste une exception.
- La largeur et la profondeur de la structure est équilibrée. La largeur fait référence au nombre d'options possibles à chaque niveau de la hiérarchie. La profondeur fait référence au nombre de niveaux au sein même de la hiérarchie. D'après une étude de Microsoft Research (https://www.microsoft.com/en-us/research/wp-content/uploads/2016/12/chi98_webdesign.pdf), il semble que l'équilibre entre la profondeur et la largeur soit la clé d'un site réussi.
- Oubliez les menus de maximum 7-9 éléments, oubliez la règle des 3 clics ! Le nombre de liens que vous proposez doit être compréhensible par votre visiteur et vous privilégierez l'accès à l'information plutôt que de suivre une quelconque règle. Testez votre architecture dans le doute.

La règle des 3 clics

On la sort en été, au printemps, à la sauce moutarde et aux champignons basilic… Elle est la plus forte concurrente des « on-lit-25 %-plus-lentement-sur-le-web », c'est un vrai marronnier du consulting… Et pourtant… Des études scientifiques et le bon sens invalident la règle des trois clics qui préconise de donner accès au contenu en un maximum de trois clics. De plus, depuis les obligations RGPD en matière de protection des données de l'utilisateur, elle est mathématiquement impossible à tenir.
Et moi, je vous mets au défi de donner accès à 60 000 pages en trois clics !
https://www.nngroup.com/articles/3-click-rule/
https://articles.uie.com/three_click_rule/

Dans l'illustration ci-contre, l'architecture est déséquilibrée : elle est à la fois très large (13 options), confrontant l'utilisateur à un choix trop important, et peu profonde (2 niveaux), ce qui le frustrera. Pensez au rayon des confitures : quand vous avez le choix entre 5 marques, 10 goûts, bio ou pas, sucré, sans sucre, avec morceaux, sans,… soit une cinquantaine d'options, que faites-vous ? Moi je file au rayon chocolats !

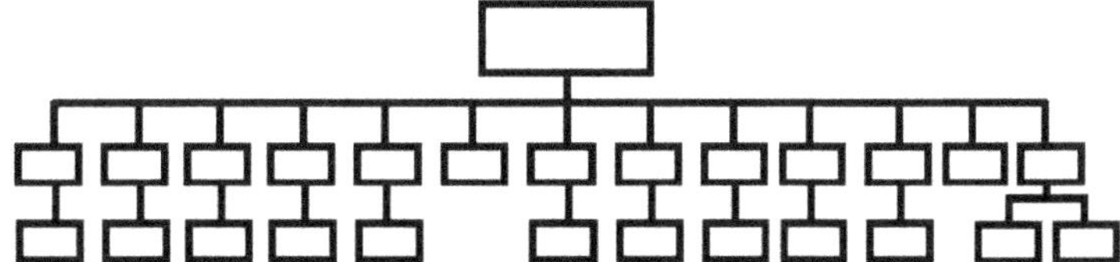

Figure 6–14
Une architecture déséquilibrée : trop large avec 13 options et pas assez profonde avec 2 niveaux
Source : Yellowdolphins.com

Dans l'illustration ci-dessous, l'architecture est déséquilibrée : elle est étroite (3 options) et profonde (6 niveaux). Les utilisateurs doivent cliquer six fois pour arriver à la page B.

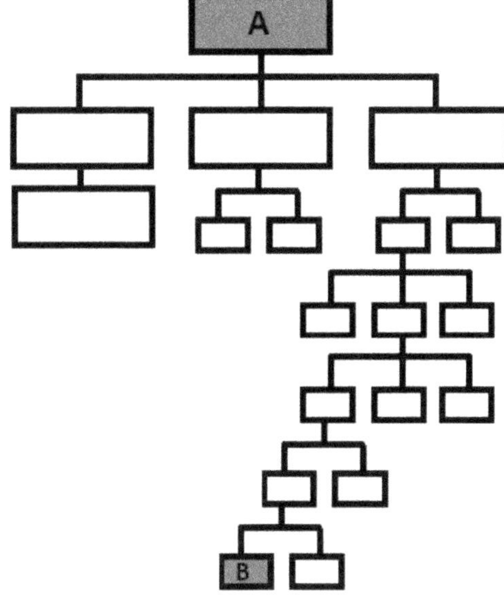

Figure 6–15
Une architecture déséquilibrée : trop étroite et trop profonde avec 6 niveaux pour arriver à la page B
Source : Yellowdolphins.com

Évitez les splash pages

En général, il est conseillé d'éviter les pages d'introduction ou « splash page » qui ajoutent inutilement un clic en souhaitant la bienvenue ou en confirmant au visiteur qu'il est bien dans la rubrique où il est. Dans certains cas, notamment pour des rubriques volumineuses, ces pages peuvent cependant représenter une vraie plus-value en donnant d'emblée un aperçu de l'offre de contenu.

Dans l'exemple de la figure 6-16, une page intermédiaire organise les contenus par thèmes et sous-thèmes. Chaque libellé est cliquable de sorte que l'utilisateur peut directement accéder au contenu d'un sous-thème sans devoir passer par une page intermédiaire.

Figure 6–16
Certaines pages d'introduction ont une réelle valeur ajoutée. Celle-ci, par exemple, permet d'accéder en un coup d'œil à tous les contenus clés de l'intranet.
Source : Yellowdolphins.com

Les structures hypertextes

Les structures hypertextes organisent le contenu grâce à des liens. Elles mettent en relation deux éléments d'information de type textuel ou multimédia (image, vidéo, audio).

Si les liens ne sont pas générés automatiquement à partir de règles prédéfinies, le choix des liens est toujours subjectif. Réservez-les pour venir en appui à une structure d'organisation basée sur le modèle hiérarchique (voir ci-dessus) ou sur le modèle de bases de données (voir ci-dessous).

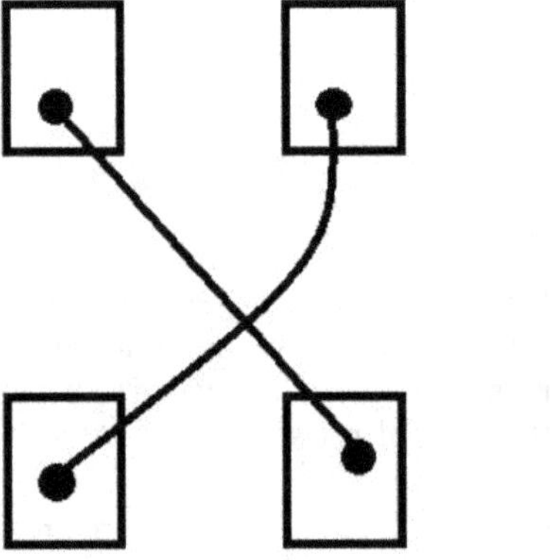
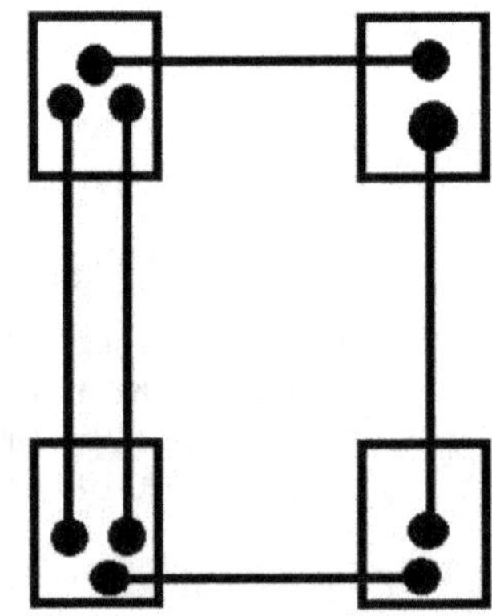

Figure 6–17
Les pages sont reliées entre elles grâce à des liens hypertextes.
Source : Yellowdolphins.com

Figure 6–18
Les liens hypertextes en bas de page permettent d'approfondir la lecture.
Source : https://www.nngroup.com/articles/key-serp-features/

Learn More

Subscribe to the weekly newsletter to get notified about future articles.

Articles

Complex Search-Results Pages Change Search Behavior: The Pinball Pattern

Information Scent: How Users Decide Where to Go Next

The State of Ecommerce Search

Site Search Suggestions

Search-Log Analysis: The Most Overlooked Opportunity in Web UX Research

Research Reports

Vol. 06: Searching the Intranet and the Employee Directory

Vol. 05: Search

UX Conference Training Courses

Information Architecture

Online Seminars

Search and Findability

How eBay Built a Custom Intranet

Helping Intranet Users Find What They Need

Search Engine Optimization

Figure 6–19
De plus en plus, les liens s'accompagnent de vignettes.
Source : https://www.aufeminin.com/

Les modèles de bases de données

Les bases de données sont des collections de données structurées permettant le stockage, la recherche et l'extraction des informations. Elles sont constituées de tables qui elles-mêmes sont constituées d'enregistrements (les lignes) et de champs (les colonnes).

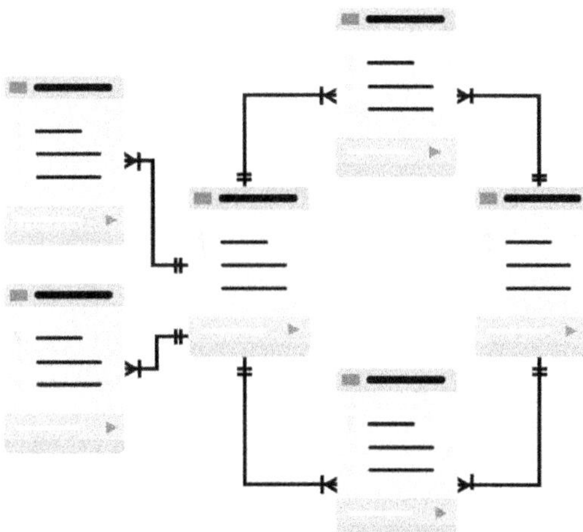

Figure 6–20
Dans une base de données, les tables sont en relation.
Source : https://pixabay.com/fr/vectors/sch%C3%A9ma-de-base-de-donn%C3%A9es-1895779/

Les données regroupées au sein des différentes tables d'une base de données peuvent être mises en relation grâce à des clés. Les métadonnées sont des clés primaires qui permettent de mettre en relation les données, de faire des recherches, de filtrer, de naviguer, de relier, etc. La base de données de l'exemple suivant reprend deux tables, une sur les professeurs, l'autre sur les cours.

Professeurs		
pr_id	pr_nom	pr_prenom
001	Bernardi	Ema
002	Joli	Jacques
003	Funtop	Joy
004	Lamoureux	Jean
Cours		
cr_id	cr_matiere	
cr001	Français	
cr002	Mathématiques	
cr003	Informatique	
cr004	Dessin	

La table Professeurs / Cours va mettre en relation les professeurs et les cours. À partir de cette table, on peut extraire le nom du professeur et le cours qu'il donne. En l'occurrence, Ema Bernardi donne le cours de français, Jacques Joli donne math, Joy Funtop donne informatique et dessin, et enfin Jean Lamoureux donne dessin.

Professeurs	**Cours**
pr_id	cr_id
001	cr001
002	cr002
003	cr003, cr004
004	cr004

En étiquetant les différents types d'information et les documents au moyen de métadonnées, nous pouvons dès lors mettre en scène les informations sur la page de manière dynamique (liens associés ou complémentaires) et également faciliter les recherches (filtre sur un champ) et la navigation (affichage automatique de vignettes de produits en relation avec la recherche).

Dans l'exemple ci-dessous, les guides d'achat en relation avec l'article sont affichés de manière dynamique en fonction de métadonnées spécifiques.

Figure 6–21
Quand y en a plus, y en a encore : une gestion dynamique des contenus associés grâce aux bases de données relationnelles.
Source : Yellowdolphins.com

L'impact de l'architecture d'information sur le référencement naturel

Outre le fait qu'il facilite l'accès à l'information et à la maintenance, un site présentant une bonne architecture de l'information sera en général mieux référencé. Les raisons en sont les suivantes :

- **L'indexabilité** : c'est la capacité pour les robots des moteurs de recherche d'accéder à vos pages pour éventuellement les stocker dans leurs bases de données et les présenter sur leurs pages de résultats. Une page enfouie au plus profond de l'architecture sera moins facilement accessible qu'une page enfouie dans les premiers niveaux de l'arborescence.

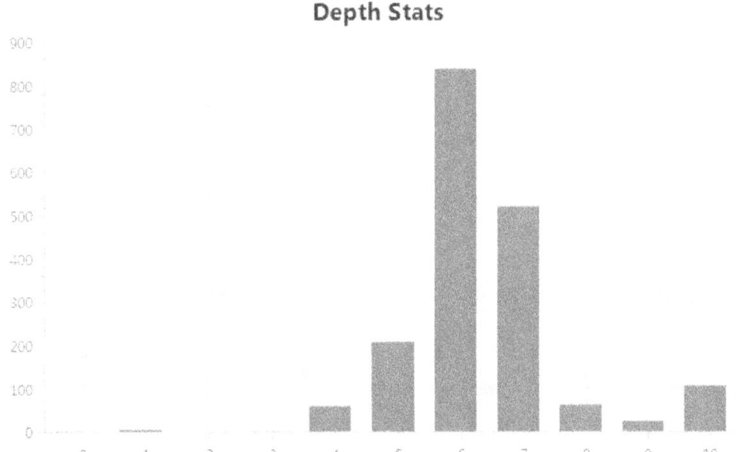

Figure 6–22
Le site présente 10 niveaux, la majorité des URL se situe au 6e niveau. Pas de chance ! Les moteurs passeront peut-être à côté.
Source : Yellowdolphins.com

- **La longueur des URL** : chaque niveau au sein d'une architecture d'information rallonge l'URL. Si ce critère représente un indice de positionnement de faible poids, c'est un critère quand même et un océan n'est-il pas constitué d'innombrables petites gouttes ?
- **Les libellés** : la façon dont sont nommés les éléments, de la catégorie au lien au sein de la page va jouer à différents niveaux. Un libellé explicite et non ambigu va inciter l'utilisateur à

cliquer, ou pas, en toute connaissance de cause. Comparez *Infos utiles* et *Plan d'accès*, *Ressources* et *Nos publications*, quels libellés vous semblent plus explicites ? Et ces informations sont des indications pour les moteurs… En outre, le champ sémantique et la consistance vont également être des signaux de pertinence pour les moteurs. Comparez *Bricolage*, *Outils de jardinage*, *Lampes d'extérieur* et *Magasin*, *Outils*, *Lampes*… Les premières rubriques sont liées à un magasin de bricolage et de jardinage, les autres peuvent se retrouver sur un magasin de déco, de réparation de voiture, de vente de talons aiguilles, etc.

- **L'aller-retour entre les pages de résultats et votre site** : imaginez un utilisateur qui lance une recherche sur un moteur de recherche, arrive sur votre site, regarde votre offre de contenu, n'y comprend rien ou ne trouve pas d'emblée ce qu'il cherche, et repart pour lancer une nouvelle recherche sur les moteurs… Quel signal est donné aux moteurs ? Par rapport à la requête lancée par l'internaute, le signal est que votre site n'a pas donné satisfaction à l'utilisateur. Pas bon.
- **La fraîcheur et la qualité de l'information** : ces critères sont pris en compte dans les Quality Raters de Google (voir le guide complet 2019 : https://static.googleusercontent.com/media/guidelines.raterhub.com/fr//searchqualityevaluatorguidelines.pdf). Normal ! Oui, mais quand votre site accumule les pages depuis 10 ans, sans jamais les archiver, les supprimer ou les mettre à jour, vous vous retrouvez vite avec une masse de contenu obsolète et parfois aussi de faible qualité ! Il y a de quoi redouter le jour où vous devrez vous attaquer à cette masse… Aussi est-ce une bonne idée, pour récolter de beaux légumes, de pratiquer l'arrachage régulier des mauvaises herbes, de tailler les arbres pour les mettre à fruits, et de maintenir une parcelle de jardin « cultivable ».
- **Les pages orphelines** : elles sont le résultat des « rawettes » comme on dit en Belgique, les petites pages en plus qu'on ajoute par-ci par-là, qui n'appartiennent à aucune catégorie et ne sont plus reliées au reste de la structure. Les moteurs de recherche les oublient également, car faute de pouvoir suivre un lien qui mènerait à ces pages, ils n'en connaissent pas l'existence. Ces pages sont systématiquement absentes des pages de résultats.

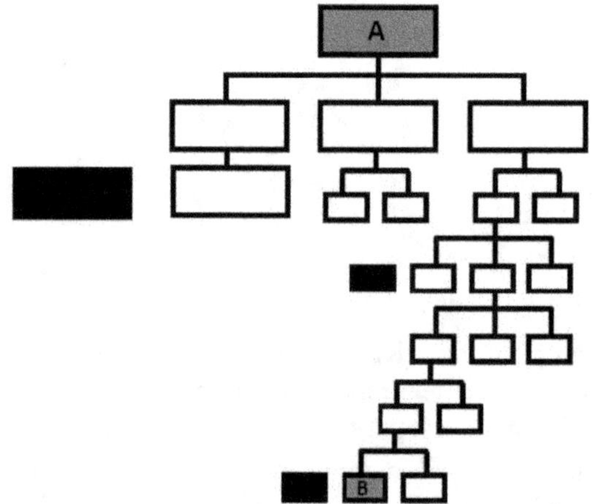

Figure 6–23
Une structure de site chaotique « SEO non friendly » avec trois pages orphelines
Source : Yellowdolphins.com

- **Le maillage interne** : « Il n'y a que Maille qui m'aille », disait la pub ! Idem pour un site, le système de liens entre les pages de votre site est un facteur important pour le positionnement. Outre améliorer l'accessibilité et l'expérience utilisateur en facilitant la navigation au travers des contenus, le maillage distribue l'autorité de page et le jus de lien au sein de votre site. En clair, le nombre et la qualité des liens pointant vers une page sont un signal pour indiquer qu'une page a de l'importance. Sans suroptimiser le maillage interne, il est important d'y réfléchir et de mettre un système en place pour automatiser un certain nombre de liens. Le fil d'Ariane, les tags, les liens associés sont autant de pistes. Si une sous-catégorie de votre structure hiérarchique a une importance vitale, vous pourrez apporter une attention particulière en travaillant spécifiquement son maillage.

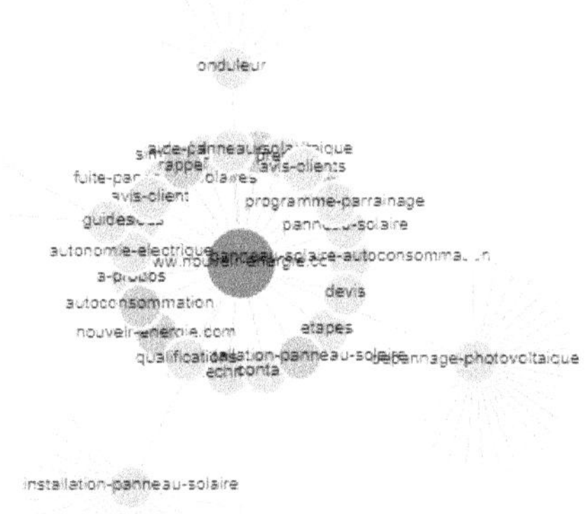

Figure 6–24
Le maillage du site indique que trois dossiers sont reliés directement depuis la page d'accueil.
Source : Yellowdolphins.com

RESSOURCES **Conception**

Ergonomie web : pour des sites web efficaces, Amélie Boucher, Eyrolles (2020)
Architecture de l'information, Jean-Michel Salaün et Benoît Habert, De Boeck (2015)
Architecture de l'information, Peter Morville, O'Reilly (2007)

À vous ! Quels schémas et quelles structures d'organisation avez-vous retenus ?

Questions	Actions	Échéances
Quels schémas d'organisation ?		
• Par thème pour…		
• Par tâche pour…		
• Par cible (uniquement pour…)		
• Par chronologie pour les actus		
•		

Quelles structures d'organisation ?		
• Menu		
• Sous-menu		
• Des pages de rubrique ou un menu déroulant ?		
• Système de maillage automatique : quelles règles ?		
•		

Et le SEO dans tout ça ?		
•		
•		

Les systèmes d'étiquetage

Nommer, c'est donner vie aux choses et aux êtres, et les reconnaître. Que cette entrée en matière hautement philosophique ne vous fasse pas détaler comme des lapins, bien sûr, nous sommes toujours dans l'architecture !

Les systèmes d'étiquetage vont permettre de désigner des éléments grâce à des étiquettes ou des libellés, par exemple *Contact*, *Produits*, etc. Vous l'aurez compris, sans étiquettes, vos systèmes d'organisation et de navigation ne trouveront pas d'utilisateur avec qui interagir.

Tout l'enjeu est de trouver l'étiquette qui parlera d'emblée et sans ambiguïté à l'utilisateur.

Faisons un petit jeu. À votre avis, qu'est-ce qui se cache derrière les deux différents blocs d'information ci-dessous ?

Figure 6–25
Les étiquettes d'un bloc de produits et services
Source : https://www.proximus.be/fr/personal/?

Think possible
On vous y voit déjà
Green & Digital | Réseaux | TV selon Pickx | Enjoy!

Figure 6–26
Les étiquettes d'un bloc de tâche
Source : https://cns.public.lu/fr.html

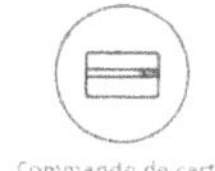

Vous donnez votre langue au chat ?

Le premier bloc fait la promotion de services de télécommunication, les aficionados l'auront peut-être compris. Le deuxième propose d'effectuer des tâches liées à des prestations de santé. Non, ce n'est pas une banque !

À présent, jetons un œil sur votre site. Par rapport au contenu vers lequel les étiquettes de votre site pointent, demandez-vous si elles sont :

- **représentatives :** l'utilisateur comprend d'emblée la signification ;
- **différenciées :** l'utilisateur n'a aucun doute entre différentes étiquettes ;
- **centrées utilisateur :** l'utilisateur retrouve sa manière de nommer les choses ;
- **engageantes :** l'utilisateur a envie de cliquer.

Si vous répondez par l'affirmative, passez au chapitre suivant. Si vous avez un petit doute, ce qui suit va vous permettre d'améliorer votre système d'étiquettes !

Les différents types d'étiquettes

Les étiquettes peuvent se présenter de manière textuelle, graphique sous la forme d'une combinaison des deux, comme c'est le cas dans notre exemple précédent. C'est d'ailleurs cette combinaison de texte et d'éléments graphiques qui obtient les meilleurs résultats au niveau UX.

On retrouve des étiquettes sous différentes formes.

Les liens : ils permettent de naviguer d'une page à l'autre ou d'un endroit de la page à un autre. Des liens avec des libellés explicites bien contextualisés permettent à l'utilisateur de cliquer en toute connaissance de cause. Assurez-vous que le libellé du lien et le contenu vers lequel il pointe sont bien cohérents.

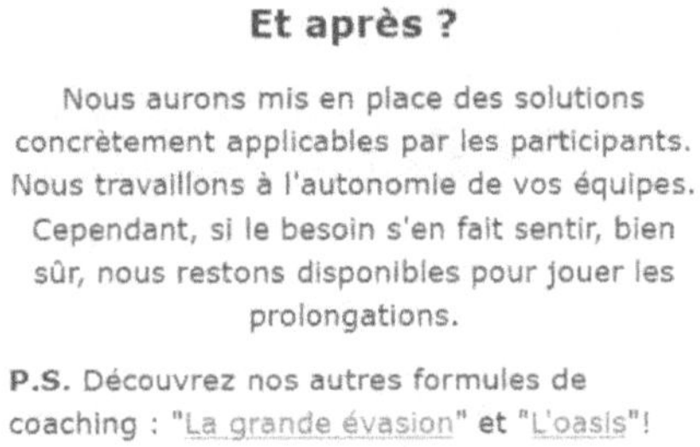

Figure 6–27
Source : https://yellowdolphins.com/animation-equipes/la-marche-des-heros/

Et après ?

Nous aurons mis en place des solutions concrètement applicables par les participants. Nous travaillons à l'autonomie de vos équipes. Cependant, si le besoin s'en fait sentir, bien sûr, nous restons disponibles pour jouer les prolongations.

P.S. Découvrez nos autres formules de coaching : "La grande évasion" et "L'oasis"!

Les titres : ils chapeautent un bloc d'information en instaurant généralement un lien hiérarchique entre le titre et les éléments qui constituent le bloc. Autrement dit, un titre plus important se distingue d'un sous-titre grâce à sa taille supérieure.

Vous pouvez également utiliser une autre typo, un espace blanc, le gras ou le retrait dans la page, tout en vous assurant que l'information est accessible quel que soit l'utilisateur. De plus, l'espace autour de cet ensemble permet de comprendre la relation de cohésion et de hiérarchie entre ces éléments et le reste de la page. Dans la mesure du possible, les titres garderont une certaine harmonie de présentation : si le titre commence par un verbe d'action, gardez cette logique dans votre page, ne mélangez pas avec des substantifs. Dans l'exemple ci-dessous, nous avons mis en exergue les titres (h1) et sous-titres (h2 et h3) d'une page grâce au plug-in Web Developer (chrispederick.com). Que dire ? Que cette hiérarchie donne un bel aperçu de l'article !

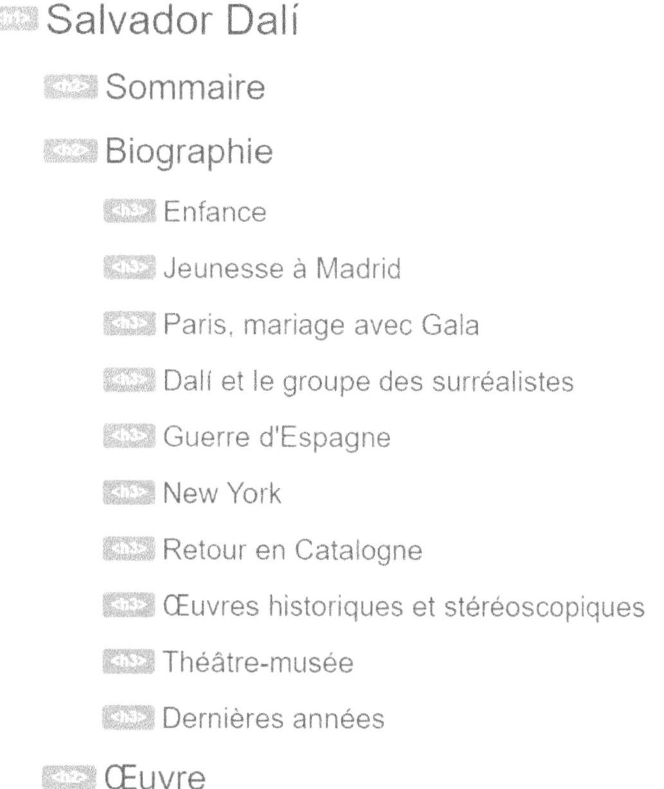

Figure 6–28
Les titres et sous-titres au sein de l'article structurent l'information.
Source : https://fr.wikipedia.org/wiki/Salvador_Dal%C3%AD

Les étiquettes peuvent aussi indiquer les étapes d'un processus et l'avancée au sein de celui-ci, comme dans notre exemple ci-dessous. Chaque action (Sélectionner, Options, etc.) est reprise en tête des différentes informations collectées.

Figure 6–29
Les titres des différentes étapes du processus
Source : https://www.brusselsairlines.com/fr-be/

Les étiquettes de navigation : elles correspondent aux noms donnés à chaque élément des systèmes de navigation. Comme la navigation est (normalement) récurrente à travers le site, il est important de respecter les repères que vous avez établis : emplacement, couleur, etc. Vous suivrez les conventions de nommage dans la mesure du possible. Par exemple, la page présentant la société prendra le nom de l'entreprise, *Notre société*, *À propos de*, *Nom Société*, *À propos de nous*, etc. Le nom de l'entreprise gardera la même syntaxe et respectera une cohérence typographique. Fixez le nom à utiliser une fois pour toutes et formalisez la version retenue dans le guide de style : Yellow Dolphins et pas YellowDolphins, ou La société Yellow Dolphins.

Accueil	Rechercher	Contact	Aide	Actualités
Home	Trouver	Contactez-nous	Faq	À la une
Page d'accueil	Recherche	Nous contacter	Foire aux questions	Nouveautés

Ci-dessous, vous trouverez quelques exemples de grands classiques pour la version anglaise de sites corporate.

Figure 6–30
Les étiquettes de systèmes de navigation répondent à des conventions qu'il convient de respecter.
Source : https://www.nngroup.com/articles/intranet-information-architecture-ia/

About the Organization	Human Resources Information	News	Information About Departments	Support Services
About [Company Name]	Human Resources	News	Departments	Services
About Us	Benefits & Pay	News & Events	Organizations	Support Services
Our Company	Employee Info	Communications	Businesses	Corporate Services
[Company Name]	Employee Resources	Latest Staff News	Divisions	Work Day
Company	Benefits	What's New	Our Teams	Workplace Support

Dans l'éventualité (improbable ;)) qu'une étiquette peu explicite vienne s'insérer dans un menu de navigation, précisez le sens de cette étiquette en la faisant suivre d'une explication succincte.

Dans l'exemple ci-dessous, les titres des options cliquables ne sont pas explicites, mais les informations reprises sous ces titres aident à faire un choix en toute connaissance de cause.

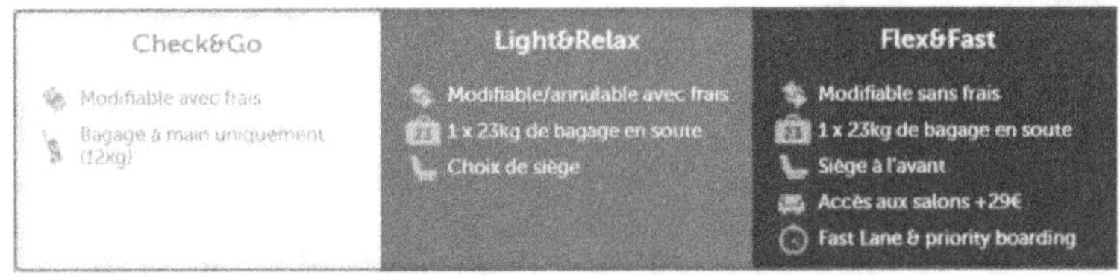

Figure 6–31
Les titres peu explicites des options sont accompagnés d'informations succinctes, mais parlantes.
Source : https://www.brusselsairlines.com/fr-be/

Les index : ils se présentent sous la forme d'étiquettes (mots-clés, métadonnées, etc.) qui servent de support à la navigation.

Un index est généralement placé à la fin des livres pour permettre au lecteur de retrouver une information par le biais d'un mot-clé. Il peut se présenter sous une liste alphabétique, parfois sur deux niveaux (*L > Lien* donne accès à *absolu*, *attribut title*, etc.).

F
Facebook 663
FAQ (foire aux questions) 268, 683
featured snippet 715
    position zéro 715
    snippet 715
fer à gauche 380
feuille de styles 368
fiabilité 282
fiche
    de contenu 329
    de référence du contenu 328
fichier
    robots.txt 485, 513
fil d'Ariane 60, 533
fixation 222
Flash 506
    liens 532
fold 17, 233
formulaire 184, 511
FourSquare 667
front-loading 229, 379

H
HCCB (High Capacity Colour Barcode) 696
heatmap (carte de chaleur) 224, 229
hébergement 513
humour 260
hypertexte 297

I
image 285, 287, 599
    adaptation 605
    attribut alt 606
    attribut title 607
    droits d'auteur 290
    formats 603
    lien 502, 532
incitation au clic 6, 379
index (des moteurs) 389
indexation 389
    automatique 63
indicateur 77
    appareils 109

libellé 62
lien 529
    absolu, relatif 531
    attribut title 530
    brisé 531
    caché 524
    entrant 10, 531, 563
    externe 298
    image 502, 532
    interne 297
    intrapage 266, 534
    JavaScript 532
    jus 541
    maillage 236, 363
    organique 531
    réciproque 531
    sponsorisé 695
    spontané 569
    texte d'ancre 530
    textuel 531
    transversal 27
ligne de flottaison 17, 231, 233

728

Figure 6–32
Index de Bien rédiger pour le Web – Stratégie de contenu pour améliorer son référencement, Eyrolles
Source : https://www.eyrolles.com/Informatique/Livre/bien-rediger-pour-le-web-9782212141108/

L'index peut également venir en appui d'une recherche ou de la navigation sans être visible. Illustrons cela à l'aide d'un exemple.

Vous cherchez un roman policier sur un site en lançant la requête *polar* et vous tombez sur un roman policier qui ne mentionne pas spécifiquement le terme *polar*. Comment expliquer cela ? En fait, dans la base de données, sous la colonne *Genre*, le terme *polar* apparaît comme synonyme associé au terme *roman policier*, de sorte que le livre de vos rêves surgit par magie suite à cette requête.

Les étiquettes graphiques : elles misent essentiellement sur le graphisme pour véhiculer l'information. Sans être associées à du texte visible, elles courent le risque de ne pas être comprises par tous les utilisateurs. De plus, si aucune description alternative (alt) n'accompagne ces images, le site devient inaccessible pour certains utilisateurs.

Dans l'exemple ci-dessous, les quatre icônes ne sont pas explicites, mais au survol, un texte s'affiche. Au survol du « PH », le `title` du lien indique que vous pouvez ouvrir et chercher des photos. Pour le « Hot », le `title` du lien affiche les photos populaires, le « N » affiche les nouvelles photos et les deux flèches entrecroisées permettent d'accéder à une liste de photos au hasard.

Figure 6–33
Les icônes PH, Hot, N et les deux flèches sont des étiquettes graphiques. Sympa et original, mais très peu explicite pour le visiteur non averti.
Source : https://pxhere.com/

La conception des étiquettes

Déculpabilisons tout de suite l'assigné aux étiquettes ! Le langage est ambigu et une étiquette ne sera jamais parfaite. Cela étant dit, essayons de dégager quelques règles qui permettront de s'approcher de l'étiquette idéale.

Pour coller une étiquette la plus juste possible, déterminez au mieux la cible, le contexte et le périmètre du contenu. En d'autres mots, plus le contenu est déterminé, plus la cible et le contexte sont identifiés, et plus l'étiquetage sera facile.

Prenons un grand magasin alimentaire. Vous cherchez un apéritif sans alcool. Si. Sans alcool.

Dans le premier magasin, l'employé vous lance, en brassant large une vingtaine de rayons : « Les boissons, c'est par là ». Et vous vous trouvez devant deux énormes rangées sans étiquettes. Vas-y Médor, cherche !

Dans le second magasin, personne dans les rayons, mais vous voyez une grande pancarte « Boissons », puis d'autres pancartes « Vins rouge », « Vins blanc », à droite, « Apéritifs » et plus loin, « Apéritifs sans alcool ».

Figure 6–34
Les rayons, vous les aimez avec ou sans étiquettes ?
Source : https://pxhere.com/fr/photo/882399

Si votre site brasse très large, envisagez de le découper en sous-sites. Les étiquettes en seront plus spécifiques.

Dans l'exemple ci-dessous, la section « Jeux et jouets » propose des étiquettes organisées par marques, âges et types de jeux. La section « Livres » propose de naviguer par nouveautés et par genres littéraires ou types de littérature.

Figure 6–35
Les différentes étiquettes en fonction de la catégorie, à gauche les jouets, à droite les livres.
Source : https://www.amazon.fr/

Afficher les résultats pour

Nos marques
Nos marques

Age
Jusqu'à 2 ans
3-4 ans
5-7 ans
8-11 ans
12-15 ans
16 ans et plus

Jeux et Jouets
Calendriers de l'Avent
Figurines
Instruments de musique
Jeux d'imitation, déguisements et accessoires
Jeux de construction
Jeux de plein air et sports
Jeux de société
Jeux éducatifs et scientifiques
Jeux électroniques pour enfants
Jouets d'éveil et 1er âge
Jouets de collection

Nouveautés
Depuis 1 mois
Depuis 3 mois
Dans les 3 mois à venir

‹ Livres
Romans et littérature
Antiquité
Autres littératures étrangères
Biographies
Correspondances et mémoires
Littérature américaine
Littérature anglaise
Littérature espagnole
Littérature française
Littérature humoristique
Littérature italienne
Littérature japonaise
Littérature russe
Livres de référence
Poésie
Romans historiques
Récits de voyages
Théâtre

Un peu de cohérence, les amis.

Les systèmes cohérents et logiques sont plus faciles à comprendre, à utiliser et à apprendre.

Cette cohérence se joue à différents niveaux :

- **La syntaxe** : évitez les mélanges de verbes, noms, questions, phrases, mots, etc. Choisissez une syntaxe et respectez-la autant que possible.
- **Le style** : évitez d'afficher une ponctuation chaotique, majuscule, minuscule, point-virgule, virgule, tiret, sans tiret, etc. Choisissez un style, formalisez-le dans un guide et suivez-le.
- **Le langage** : évitez de mélanger les audiences en mélangeant des termes « grand-public » à des termes réservés aux experts, ou des noms promotionnels qui ne sont connus que de l'entreprise dans une liste générique.
- **La présentation** : évitez de changer de couleur, d'espacement, de type ou de taille de typographie au sein d'un système sous peine d'affaiblir l'impression de cohésion et de cohérence.
- **La granularité** : évitez de mélanger les mots qui recouvrent des granularités différentes, par exemple : roman, santé, loisirs, cuisine, cuisine chinoise. Dans cette liste, le terme *cuisine chinoise* a une granularité plus fine que *cuisine*.
- **L'exhaustivité** : évitez les listes incomplètes dans la mesure du possible sous peine de créer une frustration chez l'utilisateur qui se demandera si vous vendez aussi des pantalons alors que la liste ne reprend que les bermudas.
- **La concision** : évitez de longues phrases alambiquées pour que l'utilisateur puisse appréhender le système facilement. Dans le même esprit, vous vous abstiendrez également de mélanger les longueurs, par exemple une étiquette de trois mots alors que toutes les autres font un mot.

Figure 6–36
Selon vous, où se cache l'intrus ?
Source : Yellowdolphins.com

About Us | Audit Activity | Publications | Press, Media and Events | Work with Us

Remarque

Dès qu'il y a subjectivité, la porte est ouverte au meilleur et au pire. Aussi, mieux vaut prendre les devants et formaliser la gestion des étiquettes au sein d'un document en ce qui concerne la création de liens contextuels, de titres, de tags et d'autres éléments susceptibles de tomber entre les mains de plusieurs personnes.

Par où commencer ?

Dressez un tableau avec toutes les étiquettes existantes et complétez le tableau :

- Reprenez les étiquettes de votre site.
- Vérifiez la cohérence des étiquettes existantes (cf. les 7 critères que nous venons de voir).
- Dressez une liste d'étiquettes à partir de l'analyse de contenu effectuée.
- Repérez les systèmes d'étiquetage utilisés sur la toile.
- Respectez les conventions de votre secteur.
- Demandez la contribution des auteurs des contenus.
- Interrogez les interlocuteurs qui connaissent les besoins des audiences.
- Interrogez directement les utilisateurs.
- Organisez des ateliers de brainstorming.
- Testez les libellés avec la méthode du tri de cartes (*card sorting*) ou test d'arborescence (*tree jack*).
- Analysez les entrées du moteur de recherche interne.

Les vocabulaires contrôlés

Vous pouvez également vous inspirer des vocabulaires contrôlés. Leur but est d'organiser l'information de sorte à pouvoir la récupérer facilement. Ils associent les différentes variantes et synonymes à un même terme, ils favorisent l'utilisation de termes privilégiés et ils les assignent à du contenu similaire.

Ci-dessous, un extrait qui montre les termes d'indexation du Canada. *Accord* est relié à *Entente* et *Agreements* en anglais. L'étiquette *Accord* pourrait par exemple être remplacée par *Entente*.

Figure 6–37
Un extrait des termes d'indexation sur l'immigration et la citoyenneté au Canada
Source : https://web.archive.org/web/20100515052015/http://www.cic.gc.ca/cic-index/francais/a.asp

```
A

ABI
  EM :  Ajustement budgétaire intrarégional

Accès à l'information
  ENG : Access to information
  EP :  Accès à l'information et protection des
        renseignements personnels
        AIPRP
        Liberté d'accès à l'information

Accès à l'information et protection des renseignements
personnels
  EM :  Accès à l'information
        Protection des renseignements personnels

Accès aux dossiers de citoyenneté
  ENG : Access to citizenship records

Accord
  ENG : Agreements
  EP :  Entente

Accord Canada-Québec
  ENG : Canada-Quebec Accord

Accord commercial
  ENG : Trade agreements
```

À vous ! Dressez la liste de toutes vos étiquettes

Questions	Actions	Échéances
Le système d'étiquetage		
• Ai-je toutes mes étiquettes ?		
• Sont-elles cohérentes ?		
• Sont-elles logiques ?		
• Respectent-elles les conventions ?		
•		
•		

Les systèmes de navigation

L'aphorisme « Ne demande jamais ton chemin à quelqu'un qui le connaît, car tu pourrais ne pas t'égarer » de Nahman de Breslev est plein de bon sens dans la vie. Sur le Web, ça fonctionne moins bien.

Figure 6–38
Un internaute perdu sur Internet est… perdu.
Source : https://fr.wikipedia.org/wiki/Fichier:Perdu.svg

Perdu sur l'Internet ?

Pas de panique, on va vous aider

`* <----- vous êtes ici`

Les règles de base

En ce qui concerne la navigation sur Internet, nous retiendrons deux principes qui nous semblent importants.

À tout moment, quelle que soit la page où il se trouve, l'utilisateur doit pouvoir se repérer dans le site : où est-il ? Où peut-il aller et que peut-il faire en fonction de ce qu'il cherche ?

Par ailleurs, l'utilisateur doit pouvoir se mouvoir facilement dans le site, par le biais d'un système de navigation horizontale (d'une page à l'autre) et verticale (d'un niveau à l'autre), sans être noyé par de multiples options ou d'aides à la navigation.

Se situer et se mouvoir sont donc les deux enjeux des systèmes de navigation sur le Web.

Figure 6–39 La page d'accueil du géant du e-commerce propose d'emblée 7 systèmes de navigation.
Source : amazon.fr

Les différents types de navigation

Il existe plusieurs systèmes pour se mouvoir dans un site. Passons-les rapidement en revue.

La navigation globale

La navigation globale est présente sur chaque page du site. Elle inclut généralement un lien vers la page d'accueil, une liste de rubriques et parfois un champ de recherche.

Ce type de navigation affiche une liste restreinte d'éléments qui correspondent généralement aux priorités de recherche des utilisateurs, savamment mélangés aux objectifs de l'entreprise, tout en tenant compte des conventions.

Figure 6–40 Chez Apple, la navigation globale tient en une ligne, recherche et panier d'achat compris.
Source : https://www.apple.com/

Figure 6–41
Chez Eyrolles, la navigation globale donne un aperçu de tous les rayons de l'éditeur.
Source : https://www.eyrolles.com/

Mais cette clarté n'est pas toujours au rendez-vous.

Voyez ci-dessous le menu d'un gros site de e-commerce. Un tsunami d'entrées s'affiche dès la page d'accueil, de sorte qu'il faut un certain temps au visiteur pour tout parcourir avant de décider où cliquer. D'autre part, l'affichage de liens vers des produits spécifiques (*Repassage*) appartenant à des catégories plus larges (*Petit électroménager*) ou le recours à des liens génériques (*Meuble et décoration*) en parallèle avec l'affichage des catégories séparées (la catégorie *Meubles* et la catégorie *Décoration* existent) peut porter à confusion. Où cliquer en fin de compte ?

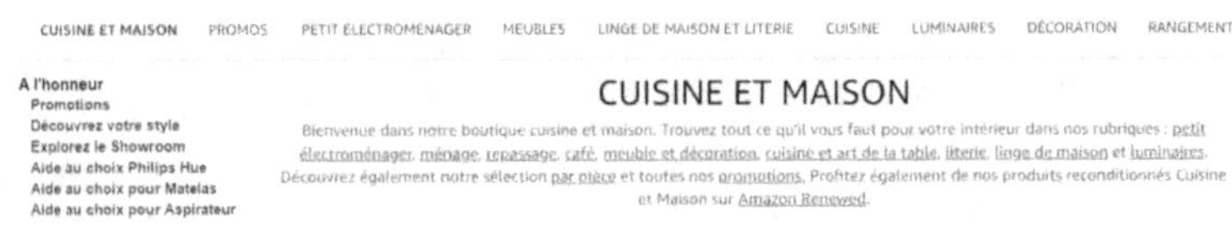

Figure 6–42
Un tsunami de possibilités et des libellés de liens proches ou redondants peuvent bloquer le visiteur qui ne sait plus où cliquer.
Source : https://www.amazon.fr/

La navigation locale

La navigation locale offre la possibilité d'explorer, à un niveau plus détaillé, les différentes parties du site et ses contenus.

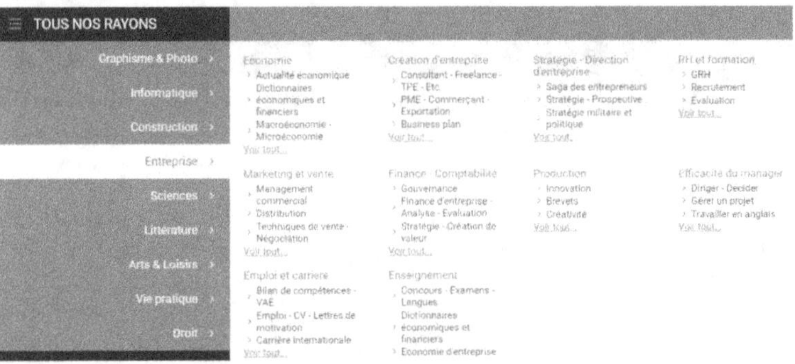

Figure 6–43
La navigation locale donne un aperçu détaillé du rayon « Entreprise ».
Source : https://www.eyrolles.com/

La cohérence au niveau du graphisme, dans la logique de navigation retenue, de l'étiquetage, etc. facilitera l'immersion de l'utilisateur et viendra en soutien de l'image de l'entreprise.

Ci-dessous, nous avons superposé les sous-menus de différentes catégories du site Apple. La cohérence est remarquable.

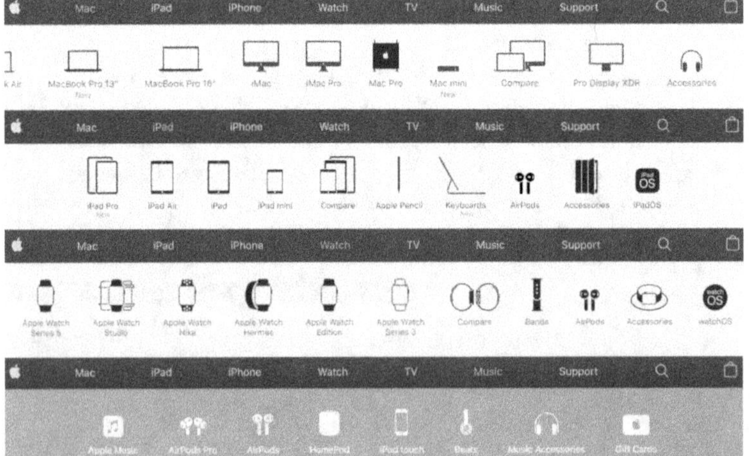

Figure 6–44
La navigation locale est cohérente d'une catégorie à l'autre.
Source : https://www.apple.com/

Dans le même ordre d'idée, le fil d'Ariane permet d'explorer le voisinage immédiat d'une page. Dans l'exemple suivant, l'utilisateur est sur la page *Architecture d'information* et voit, grâce au fil d'Ariane, qu'il peut remonter jusqu'à la catégorie *Refonte de site*, puis à la page d'accueil.

Figure 6–45
Le fil d'Ariane permet à l'utilisateur de se repérer dans le site.
Source : Yellowdolphins.com

La navigation contextuelle

Dans certains cas, il est nécessaire d'ajouter des éléments de navigation spécifiques à la page. C'est le cas des liens vers des contenus complémentaires, alternatifs ou similaires.

Ces liens contextuels se font sur une base éditoriale en accord avec la stratégie business ou marketing. Ils peuvent se faire manuellement ou être générés automatiquement.

Les questions à se poser sur ce type de page sont :

- Que voudra faire l'utilisateur, où voudra-t-il aller ?
- De quoi a-t-il besoin qui soit similaire, complémentaire ou alternatif ?
- Peut-on lui suggérer un produit plus cher ? Ou moins cher ?

Dans l'exemple du site GoodFood, les éditeurs ont choisi de proposer systématiquement sous les recettes un lien vers les restaurants GoodFood : *Pas envie de cuisiner ?*

Sur le site Skoda, pour un modèle de voiture spécifique, les concepteurs du site proposent cinq liens contextuels. Par le biais de ces liens, je peux :

- essayer une Skoda ;
- configurer une Skoda ;
- estimer mon véhicule ;
- télécharger une brochure ;
- trouver un point de vente.

Figure 6–46
Le lien contextuel « Pas envie de cuisiner ? » est inséré sous chaque recette.
Source : https://recettes4saisons.brussels/recettes/asperges-a-litalienne

Figure 6–47
La navigation contextuelle, ici en haut à droite, propose d'autres informations en lien avec la page. Les boutons d'appel à l'action, dans l'image, sont également contextuels.
Source : https://www.skoda.fr/

Le plan du site

Le plan du site offre une vue d'ensemble des premiers niveaux d'un site. Il peut être généré automatiquement ou manuellement. S'il est utile dans le cas d'un site surchargé à la structure un peu floue, il est également utile pour les robots des moteurs de recherche qui auront directement accès aux pages des premiers niveaux.

Figure 6–48
Le plan du site liste les catégories et pages des premiers niveaux d'une arborescence.
Source : https://www.skoda.fr/sitemap

Le sitemap

Le plan de site ou sitemap est un fichier, généralement invisible pour les utilisateurs, qui liste les URL que les robots sont invités à crawler (parcourir), la fréquence à laquelle ils doivent venir les visiter, les langues alternatives, etc.
https://support.google.com/webmasters/answer/156184?hl=fr&ref_topic=4581190

L'index

Un index propose une liste de mots-clés par ordre alphabétique qui renvoient à des pages du site contenant des informations relatives à ces mots-clés. Ce type de navigation est utile quand l'utilisateur connaît le terme exact de l'information recherchée.

Figure 6–49
Les mots-clés de l'index donnent accès aux pages du site en relation avec ces mots-clés.
Source : https://journals.openedition.org/

Le guide

Le guide propose une navigation linéaire qui permet à l'utilisateur de découvrir une matière ou de réaliser une suite de tâches. Il peut se présenter sous forme d'un tutoriel, d'une visite guidée, d'une tâche, d'un thème, etc.

Si vous réalisez un guide, veillez à ce que l'utilisateur puisse :

- revenir au sommaire ou à l'introduction ;
- revenir en arrière ou aller de l'avant ;
- répondre à un besoin explicite ;
- se situer dans la séquence ;
- comprendre chaque élément de contenu indépendamment du reste ;
- quitter le guide à tout instant ;
- accéder à la navigation globale du site.

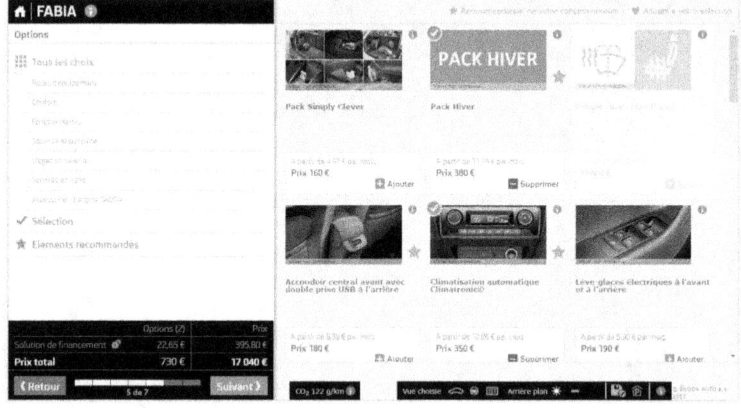

Figure 6–50
La configuration d'un véhicule avant achat dans un processus de sélection d'options
Source : https://www.skoda.fr/

La navigation sociale

Une autre manière de naviguer dans des contenus est de présenter l'information en s'appuyant sur les comportements de l'ensemble des visiteurs d'un site.

Dans cette logique, vous pouvez présenter des contenus par ordre de popularité : les plus consultés, les plus partagés, les plus « aimés », les plus vendus, les plus mentionnés, les plus recherchés, etc.

Figure 6–51
Le bloc « Les plus lus » du journal Le Vif
Source : https://trends.levif.be/economie/

Les plus lus

D'où vient tout cet argent débloqué pour faire face à la crise du coronavirus?

Le monde de demain ne ressemblera pas à ce qu'on peut lire sous la plume des uns et des autres

À vous ! Évaluez vos systèmes de navigation

Questions	Actions	Échéances
Les systèmes de navigation		
• Ma navigation globale est-elle explicite ?		
• Ma navigation locale est-elle exhaustive ?		
• Ai-je prévu une navigation contextuelle ?		
• Une navigation sociale a-t-elle de l'intérêt pour ma cible ?		
•		

La conception de l'arborescence

Vous avez identifié tous les contenus, les étiquettes et les systèmes de navigation... Rassurez-vous, il y en a encore ! Il va falloir à présent concevoir l'arborescence et faire le lien entre l'existant et l'à venir.

Quel outil utiliser pour dresser cette arborescence ? Au cours de notre vingtaine d'années d'expérience, nous avons vu des personnes travailler dans Word, Illustrator, PowerPoint, Photoshop, Visio, OmniGraffle, etc. À vous de choisir quel outil convient le mieux à votre projet.

Nous travaillons dans un tableur pour gérer tout le cycle de l'architecture d'information, de l'inventaire à la gouvernance en passant par la migration. Il va falloir partir de l'existant qualifié pour redessiner la nouvelle arborescence et y ajouter les nouvelles rubriques ou les contenus à produire. Filtrer, ajouter, déplacer, supprimer, rétablir... Vous verrez, tout cela devient presque un jeu d'enfant, j'enjolive un peu.

Voici quelques actions clés que vous pratiquerez désormais avec la même fluidité que l'enchaînement de vos katas :

- **Supprimer :** à partir de l'existant, il est fort à parier que vous pourrez supprimer de nombreux contenus obsolètes. Identifiez ces contenus et marquez-les à l'aide d'un tag adéquat : *À supprimer*.
- **Archiver :** vous aurez identifié des contenus obsolètes, mais indétrônables pour de multiples bonnes ou mauvaises raisons. Identifiez ces contenus et marquez-les à l'aide d'un tag qui vous convient : *À archiver*.
- **Fusionner :** vous aurez identifié des contenus incomplets ou redondants, regroupez-les avec leurs pairs et marquez-les à l'aide d'un tag : *À fusionner*.
- **Renommer :** vous aurez identifié des étiquettes problématiques qu'il vous faudra renommer. Un tag *À renommer* fera l'affaire.

- **Ajouter :** les étiquettes pour les nouveaux contenus viendront enrichir l'existant.
- **Commenter :** ajoutez des commentaires pour garder une trace de votre logique. Quand vous retravaillez un fichier de dizaines de milliers d'URL, vous perdez vite le fil biographique de l'URL d'hier ;-)

D'autres informations peuvent venir compléter ce travail si vous n'avez pas encore qualifié les contenus : type de document, cible, mot-clé, donnée de géolocalisation, date, format de document, auteur, source, localisation, importance, etc.

Conte	Rubrique	Sous-rubrique	Address	Optimisé sans gras	Date limi	TBD	Auteur	Localisation France	Cible localisée	Titre du contenu	Thématique de contenu	THEMATIQUE (NEW)
0	Accueil		https://www.site.gouv.fr/		2018		Undefined		ALL	Le portail de la transform	N/A	N/A
	Aides financières											
	Aides financières	Financement d'un projet	https://www.site.gouv.fr/comprendre-le-numeriq		14-03-18		FS	Ile-de-France	ALL	Augmenter mes fonds pro	Financements	Financement d'un proj
	Aides financières	Financement d'un projet	https://www.site.gouv.fr/	X	02-03-18		FS	Ile-de-France	ALL	Chèques numériques	Financements	Financement d'un proj
392	Aides financières	Financement d'un projet	https://www.site.gouv.fr/	X	23-03-20	Pratique	CP	Ile-de-France	ALL	Coronavirus : Les régions	Financements	Financement d'un proj
411	Aides financières	Financement d'un projet	https://www.site.gouv.fr/	X	13-05-20	Pratique	CP	Ile-de-France	Toutes les régio	Déconfinement et reprise	Financements	Financement d'un proj
3	Aides financières	Financement d'un projet	https://www.site.gouv.fr/comprendre-le-numeriq		14-03-18		FS	Ile-de-France	ALL	Prêts et garanties	Financements	Financement d'un proj
92	Aides financières	Financement d'un projet	https://www.site.gouv.fr/comprendre-le-numeriq		19-12-18		JLR	Ile-de-France	ALL	TPE : Contactez et rencor	Financements	Financement d'un proj
	Aides financières	Financement d'un projet	https://www.site.gouv.fr/financer-son-projet		2018		Undefined		ALL	Les différentes formes de financement disponibles		
	Guide et conseils											
	Guide et conseils		https://www.site.gouv.fr/comprendre-le-numeriq		2018		Undefined		ALL	Titre manquant (au niveau	N/A	N/A
84	Guide et conseils	Plan d'action numérique	https://www.site.gouv.fr/comprendre-le-numeriq		12-12-18	Pratique	JLR	Ile-de-France	ALL	10 commandements pour	Faire un plan d'action n	Plan d'action numériq
475	Guide et conseils	Stratégie et développeme	https://www.site.gouv.fr/comprendre-le-numeriq		08-09-20		JLR	Auvergne-Rhône-Alpes	ALL	[illegible]	Être innovant	Stratégie et développe
29	Guide et conseils	Plan d'action numérique	https://www.site.gouv.fr/comprendre-le-numeriq		26-04-18	Test	FS	Ile-de-France	ALL	10 minutes pour évaluer l	Tester sa maturité num	Plan d'action numériq
73	Guide et conseils	Formations	https://www.site.gouv.fr/comprendre-le-numeriq		04-12-18		JLR	Ile-de-France	ALL	6 formations gratuites int	Se former et recruter	Formations
83	Guide et conseils	Stratégie et développeme	https://www.site.gouv.fr/comprendre-le-numeriq		10-12-18		JLR	Ile-de-France	ALL	9 innovations numériques	Etre innovant	Stratégie et développe
246	Guide et conseils	Plan d'action numérique	https://www.site.gouv.fr/comprendre-le-numeriq		19-10-19		JLR	Ile-de-France	ALL	Abécédaire de la transfor	Faire un plan d'action o	Plan d'action numériq
283	Guide et conseils	Stratégie et développeme	https://www.site.gouv.fr/comprendre-le-numeriq		18-11-19		JLR	Ile-de-France	ALL	Achats en ligne : Guide pr	Vendre sur Internet	Stratégie et développe
36	Guide et conseils	Protection contre les risqu	https://www.site.gouv.fr/comprendre-le-numeriq		26-04-18	Pratique	JLR	Ile-de-France	ALL	Alerte aux rançongiciels :	Se protéger	Protection contre les r
18	Guide et conseils	Plan d'action numérique	https://www.site.gouv.fr/comprendre-le-numeriq		25-04-18		JLR	Ile-de-France	ALL	Améliorer la performance	Faire un plan d'action n	Plan d'action numériq
289	Guide et conseils	Formations	https://www.site.gouv.fr/	X	21-11-19	Pratique	JLR	Ile-de-France	ALL	Application Mon Compte	Se former et recruter	Formations
27	Guide et conseils	Témoignages	https://www.site.gouv.fr/comprendre-le-numeriq		26-04-18	Vidéo tém	KDA	Hauts-de-France	ALL	Aquarelle, "Une clientèle	Entreprises France Num	Témoignages
420	Guide et conseils	Communication et publicit	https://www.site.gouv.fr/	X	08-06-20	Pratique	JLR	Ile-de-France	ALL	Artisans : comment être v	Communication numéri	Communication et pub
119	Guide et conseils	Plan d'action numérique /	https://www.site.gouv.fr/comprendre-le-numeriq		15-02-19	Pratique	JLR	Normandie	ALL	Artisans : Comment passe	Faire un plan d'action n	Plan d'action numériq

Figure 6–52 Concevez l'arborescence en tenant compte de l'existant et de la nouvelle stratégie.
Source : Yellowdolphins.com

Une fois votre fichier complet, confrontez-le à toutes les informations que vous avez récoltées au cours des phases précédentes. Il devrait être la transposition fidèle de la stratégie du nouveau site, et ce faisant, répondre aux besoins des utilisateurs et de l'entreprise.

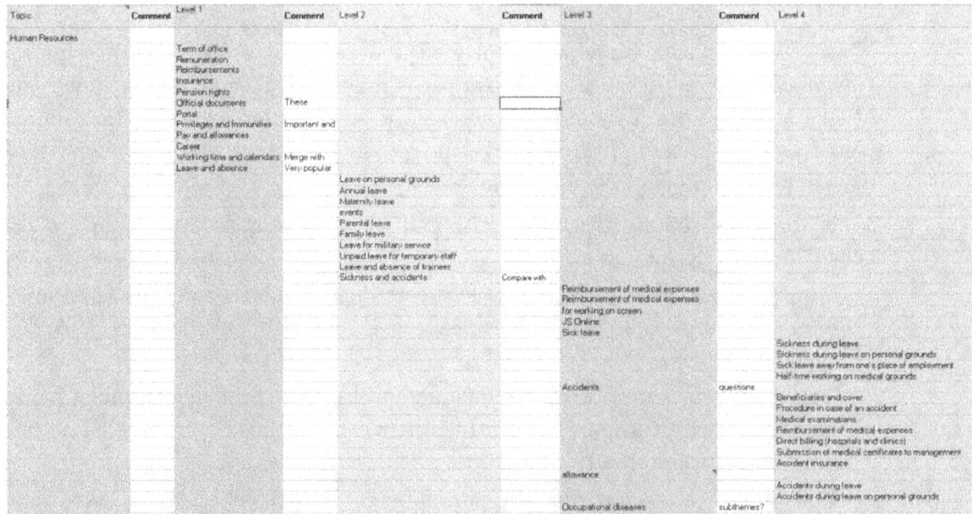

Figure 6–53 Exemple d'un fichier de travail sur l'architecture d'information d'un intranet (allez, avouez que c'est beau !) Source : Yellowdolphins.com

RESSOURCES **Concevoir l'arborescence**

Méthodes de design UX : 30 méthodes fondamentales pour concevoir des expériences optimales, Carine Lallemand et Guillaume Gronier, Eyrolles (2018)
UX Design et ergonomie des interfaces, Jean-François Nogier, Dunod (2020)
UI-UX : les bases du prototypage web et apps. Concevoir avec les utilisateurs, Didier Mazier, Eni (2018)
33 bonnes pratiques du UX Design. Les fondamentaux de la psychologie numérique, Liv Danthon Lefebvre, Eyrolles (2019)

À vous ! Concevez votre arborescence

Questions	Actions	Échéances
L'arborescence		
• Quel outil vais-je utiliser pour concevoir mon arborescence ?		
• De quelles colonnes ai-je besoin ?		
• Mes annotations sont-elles claires ?		
•		
•		

Du zoning aux wireframes

Une fois que vous avez une idée de ce que vous allez proposer comme contenus et fonctionnalités dans le nouveau site, et que vous avez défini les parcours des utilisateurs, il vous faudra mettre tout cela en page.

C'est là que le zoning entre en jeu. Un zoning est une représentation au sein de la page des gros blocs pour délimiter des zones de contenus. Ici le logo. Là le menu de navigation. Là encore le moteur de recherche. Ci-dessous, une zone graphique, etc. Le menu fonctionnel, plutôt à droite. Mince, et où je mets les zones de textes ?

Un peu brut de forme, le zoning va devoir être affiné. C'est ici qu'interviennent les wireframes ou les squelettes, ou encore les maquettes filaires.

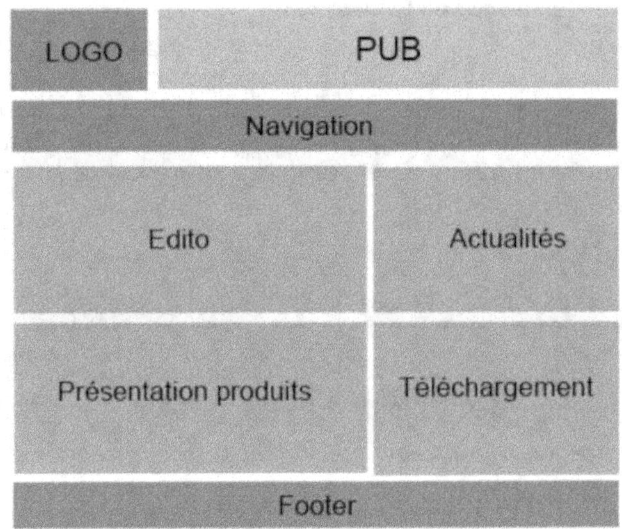

Figure 6–54
Le zoning donne les grandes zones de contenu du site.
Source : https://blog.clever-age.com/fr/2010/06/18/maquettage-et-prototypage-le-tour-des-notions-et-des-outils/

Les wireframes

Ils présentent l'apparence d'une page ou d'un document du point de vue de l'organisation de l'information. Ils font le pont entre l'organisation conceptuelle de l'information et sa mise en scène. Cette approche concrète va permettre de voir l'impact de l'architecture sur la page et de mettre en exergue des contraintes d'espace, de taille, de position, de hiérarchie, de logique, ce qui va pousser l'architecte à prendre des décisions en répondant aux questions suivantes : quel élément dois-je mettre en avant prioritairement ? Ai-je pensé à afficher cet objectif important ? Où placer tel élément de contenu pour être cohérent avec la logique informationnelle ? Quel libellé utiliser pour tel élément ? Quels éléments figureront sur le bloc d'une actualité, etc. En plus de mettre à jour les contraintes d'espace et des problèmes de logique, les wireframes permettent déjà de mener des tests utilisateurs.

Ces wireframes sont généralement réalisés pour les pages clés du site : page d'accueil, page de catégorie et sous-catégorie, page de recherche et autres types de pages qui font appel à des schémas d'organisation et de navigation suffisamment spécifiques pour se pencher sur leur cas particulier.

Votre page va gagner en détail et met en scène les parcours des utilisateurs : en haut, le menu et ses sept entrées, le bloc des trois actualités en-dessous des témoignages. Un wireframe est avant tout fonctionnel. « Moche », à ce stade, n'est pas un critère de disqualification ;-).

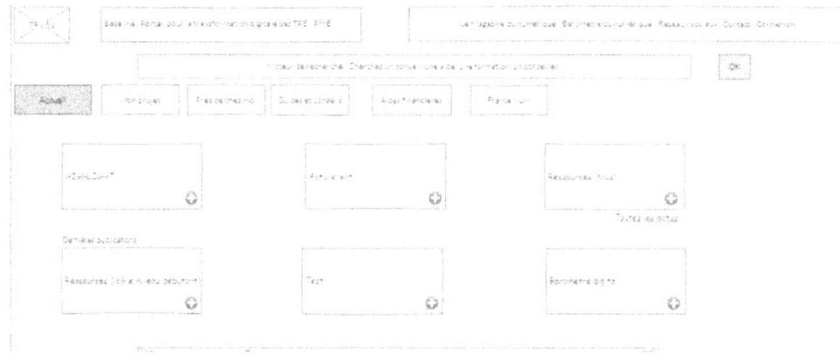

Figure 6–55
Le wireframe entre dans le détail et s'affine au fur et à mesure de la collaboration.
Source : Yellowdolphins.com

OUTIL EN LIGNE **Pencil**

Un outil gratuit très simple pour faire du maquettage efficace grâce à une bibliothèque riche et thématisée pour l'ordinateur et le mobile. Il permet l'interaction et génère différents formats, dont le HTML.
https://pencil.evolus.vn/

Une fois les wireframes validés par le client, ils seront envoyés chez le webdesigner pour les transformer en objets de tous les désirs ;-). On parlera alors de maquette graphique ou *mock-up*.

Les maquettes fonctionnelles

Les maquettes fonctionnelles sont utilisées pour tester des parcours ou des séquences dans des conditions aussi proches que possible de la réalité. Elles intègrent des éléments interactifs. Dès lors, elles sont généralement construites en HTML statique ou dynamique, en fonction de la complexité des éléments à tester.

À vous ! Définissez vos maquettes

Questions	Actions	Échéances
Les maquettes		
• Ai-je pensé à faire des zonings ?		
• Ai-je dressé la liste des wireframes à produire ?		
• Quel outil vais-je utiliser ?		
•		

7

Les livrables de l'architecture

Chaque phase du projet est généralement finalisée par un livrable. Quels sont les livrables de l'architecture d'information ?

Figure 7–1
Ni trop peu, ni trop ! Bien présenter son travail a un impact sur la validation.
Source : https://pxhere.com/fr/photo/1188160

Le rapport d'audit

Dans l'analyse de l'existant, vous avez identifié les forces et les faiblesses du site. Vous avez fait un premier inventaire des contenus et mieux compris les enjeux du projet, tant pour les utilisateurs que pour l'entreprise. Cette phase de recherche se solde par un rapport d'audit qui liste les recommandations et les pistes d'améliorations pour le nouveau.

Points abordés par le rapport d'audit

Le rapport d'audit pourra lister les points suivants :

- synthèse pour les décideurs (*Executive summary*) ;
- périmètre de l'audit ;
- formulation des objectifs et de l'audience ;
- inventaire des ressources disponibles et des outils utilisés ;
- audit de contenu : valeur ajoutée, lisibilité, qualité du style, structure, etc. ;
- audit de l'ergonomie : clarté du guidage, lisibilité, charge de travail, respect des conventions, cohérence, flexibilité, gestion des erreurs, etc. ;
- audit SEO : étude de positionnement, freins techniques, architecture d'information, maillage interne, backlinks, degré d'optimisation des contenus, etc. ;
- analyse du moteur de recherche ;
- analyse des workflows ;
- liste de recommandations, etc.

La stratégie

Suite aux analyses et quelques réunions plus tard, vous avez identifié les piliers du nouveau projet qui serviront de repères tout au long du chantier. Vous avez conçu une stratégie pour le nouveau site qui a été validée par votre client.

Le document de stratégie

Le document de stratégie listera par exemple les points suivants :

- synthèse pour les décideurs (*Executive summary*) ;
- publics cibles et objectifs sur le site ;
- objectifs de l'entreprise pour le site ;
- retours d'expérience sur l'analyse de l'existant et les tests utilisateurs : observations, conclusions et conséquences sur le nouveau site ;
- approche stratégique pour le nouveau site : quelles vont être les lignes directrices, la valeur ajoutée, en quoi c'est compatible avec les ressources, etc. ;
- plan du projet : comment se déroulera le projet, combien de temps sera nécessaire, etc.

Tout est très bien dans le meilleur des mondes. Le cap est pris et tout le monde a les meilleures intentions du monde pour réaliser le meilleur site (du monde).

Remarque

Un interlocuteur est-il tenté de torpiller la phase de recherche préliminaire et de réflexion pour sauter de plain-pied dans le design ? Dissuadez-le. Encore. Si vraiment rien n'y fait, responsabilisez-le dès lors en mettant en avant l'impact de *sa* décision sur le reste du projet : sans étude préalable, tout reposera sur sa seule intuition et sur son instinct. Formalisez le pacte de déclaration de guerre et demandez-lui de le signer. Fumez le calumet de la paix avec résignation ou si vous êtes vraiment courageux, prenez la poudre d'escampette.

Le plan du site

Comment présenter clairement l'architecture d'information d'un site qui reste un concept abstrait, une ligne dans un tableur, un ensemble de catégories avant tout concrètes dans l'imaginaire de son concepteur ?

Le mieux est de proposer plusieurs vues en fonction de votre public et de ce que vous voulez mettre en avant :

- Une maquette mettant en scène le menu de navigation et ses sous-menus plutôt qu'un tableur avec 1000 entrées et autant d'URL parlera sans doute mieux à des décisionnaires.
- Un scénario utilisateur avec son parcours au sein du nouveau site attirera davantage l'attention du marketing.
- Une liste des fonctionnalités qui se cachent derrière chaque gabarit retiendra l'attention des développeurs ou représentants de l'IT.
- Un tableur à 1000 entrées parlera davantage aux gestionnaires de contenu qui verront où se trouve (ou pas) le contenu qu'ils gèrent avec passion depuis dix ans. Il plaît davantage au cerveau gauche, plus analytique.
- Un plan donnera une vue d'ensemble des composantes de l'architecture et des relations entre elles. Vous l'utiliserez pour appâter un cerveau droit qui préfère les vues synthétiques.

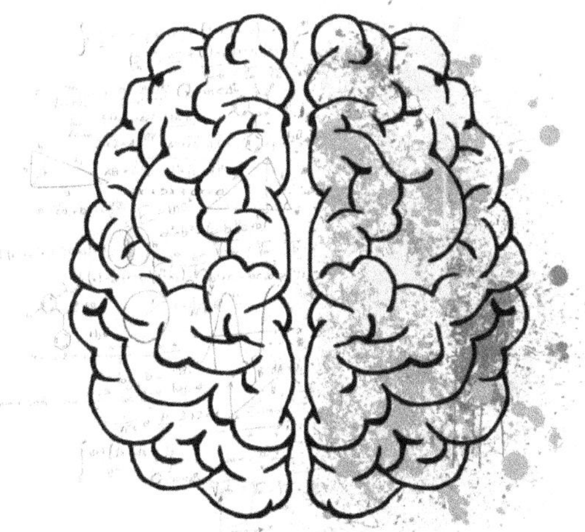

Figure 7–2
Cerveau gauche ou cerveau droit, à chacun sa présentation
Source : https://pxhere.com/fr/photo/1370218

Le plan du site met en scène l'organisation du contenu de haut en bas, la navigation et les libellés. Ce plan permettra de présenter les choix que vous avez faits et de vous assurer qu'ils sont compris de vos interlocuteurs. Il débute généralement par la page d'accueil et descend jusqu'aux niveaux les plus profonds.

OUTILS EN LIGNE Modéliser une arborescence

Gratuits et payants, ils vous aideront à présenter et à éditer une arborescence, si vous ne voulez pas vous arracher les cheveux dans Illustrator ou Photoshop ;-).
GlooMaps : www.gloomaps.com/ (gratuit)
Visio : www.microsoft.com/fr-ww/microsoft-365/visio/flowchart-software (payant)
Omnigraffle : www.omnigroup.com (payant)

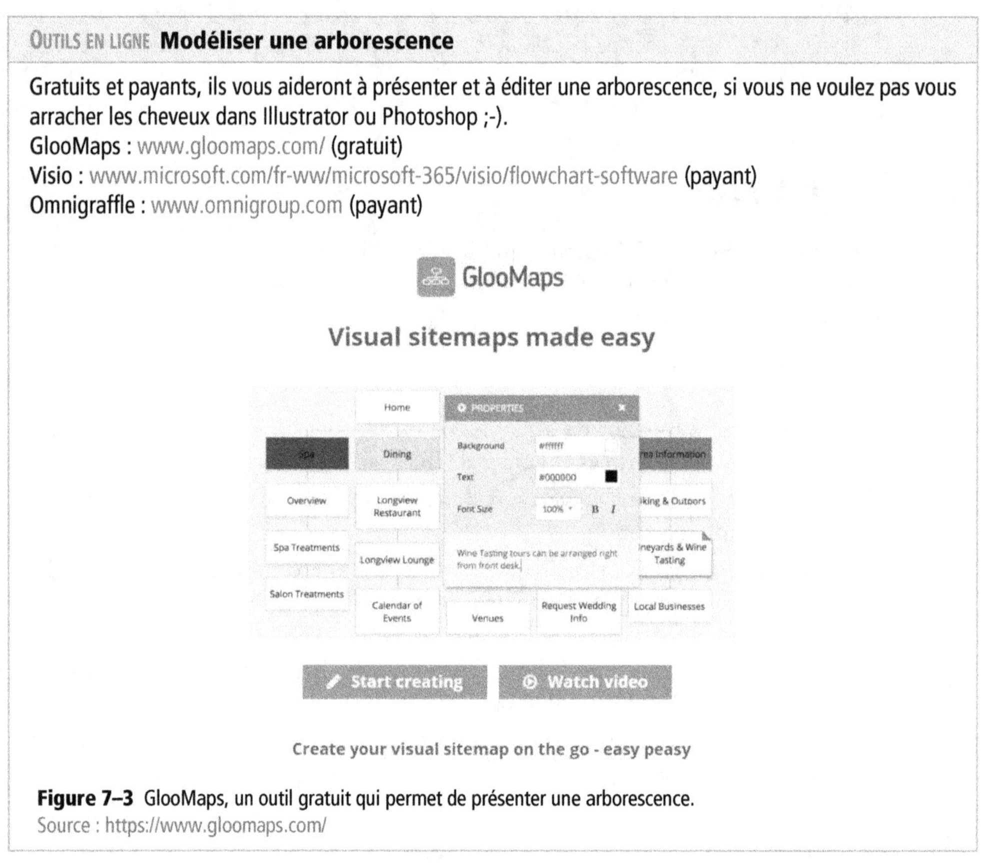

Figure 7–3 GlooMaps, un outil gratuit qui permet de présenter une arborescence.
Source : https://www.gloomaps.com/

Le plan du site peut être enrichi de multiples renseignements que vous intégrerez de manière visuelle ou textuelle, tout en veillant à garder une vue d'ensemble. Par exemple, vous pouvez spécifier les relations entre les pages ou composantes du site (lien de la catégorie produit vers sous-produits), nouvelles pages à créer (page produit new x), groupes de pages similaires (présentation de 4 différents projets), sous-sites, fonctionnalités transversales (recherche par format, date et sujet), etc.

Pour décrire les niveaux de contenu, vous pouvez jouer sur la couleur, le trait continu ou pointillé, la forme du diagramme, carrée ou ronde, etc.

Figure 7–4 Enrichissez votre plan de site avec des éléments d'informations spécifiques.
Source : https://www.heyspacetime.com/portfolio/studiohop/

Au fur et à mesure de son développement, l'architecture du site s'étendra au-delà des pages principales des premiers niveaux. Une solution pour présenter cette architecture est de moduler les plans, c'est-à-dire que vous allez relier le plan général aux différents plans détaillés qui permettront de zoomer sur une partie spécifique du site ou sur une catégorie.

Conseil

Proposez une présentation live (même à distance) où vous expliquerez le concept et répondrez aux questions de vos interlocuteurs afin de vous assurer que vous êtes sur la même longueur d'onde.

Les wireframes

En étant visuels et concrets, et beaucoup moins abstraits qu'une arborescence, les wireframes ont l'avantage de susciter l'attention de vos interlocuteurs. Afin de centrer le débat sur le contenu, il est conseillé de n'ajouter aucun élément trop abouti graphiquement lors de la démarche, comme une belle typo, des couleurs attrayantes, etc.

Pensez-y

Il n'y a qu'à l'école, dans les classes de biologie, que l'on habille les squelettes !

Figure 7–5
Exemple de wireframe
Source : Yellowdolphins.com

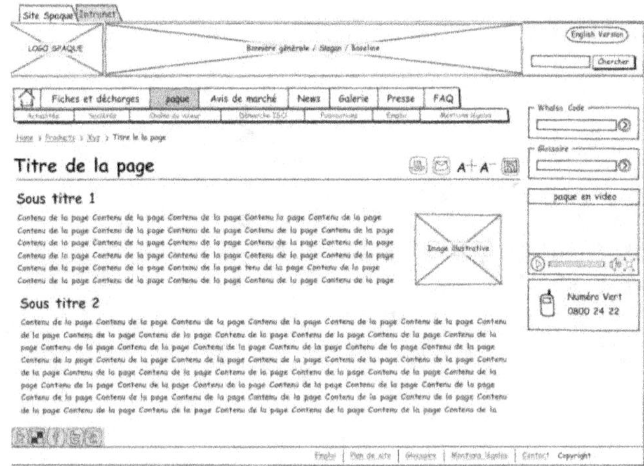

Les gabarits éditoriaux

Une fois que vous avez une bonne vue sur l'offre éditoriale du site et des formats qui la composent, nous vous conseillons de formaliser ces différents éléments au sein de gabarits éditoriaux que vous définirez pour chaque type de contenu : article, dossier, fiche produit, etc. Ils sont surtout utiles quand vous disposez d'une large quantité de contenu de même type.

Chaque gabarit figera le fond et la forme de chaque contenu type identifié, en particulier :

- la hiérarchie de l'information ;
- le séquençage du contenu ;
- les éléments fonctionnels ;
- les éléments de multimédia ;
- les blocs optionnels, etc.

Figure 7–6
Le gabarit éditorial se situe à mi-chemin entre le wireframe et la maquette graphique.
Source : https://www.indexel.com/wp-content/uploads/2016/11/wireframe-ET-ZONING-1.jpg

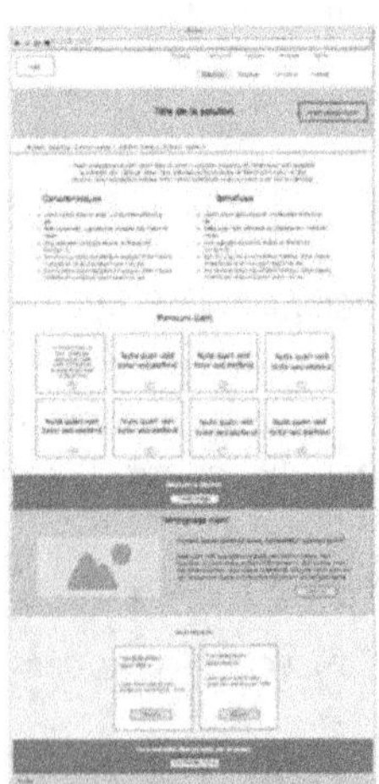

Les modèles de contenu

Les modèles de contenu sont des ensembles de plus petits éléments de contenu du site interconnectés entre eux. Ils viennent soutenir la navigation de l'utilisateur en lui proposant une navigation contextuelle au fur et à mesure de son parcours. Par exemple, en cherchant une information sur une chanteuse, on pourrait tomber sur sa fiche biographique qui proposerait d'accéder à la liste de ses derniers albums et la liste des concerts à venir, autant de modèles de contenu qui se retrouveront peut-être à d'autres endroits du site, mais que l'on intègre ici dans la fiche.

Vous retrouverez des modèles de contenu sur des sites tels qu'Amazon. Si vous cherchez un livre spécifique, la fiche descriptive du livre sera complétée par d'autres blocs d'informations, par exemple une suggestion d'autres catégories de livres en relation, d'auteurs associés à la catégorie, des offres personnalisées, les livres populaires de la catégorie choisie, l'historique de navigation du client s'il est connecté, etc. La fiche d'un auteur affichera une biographie, la liste des livres publiés, mais également une liste d'auteurs fréquemment consultés et en lien avec le domaine d'expertise de l'auteur.

Une fiche de recette sur un site de cuisine est un bon exemple de modèle de contenu. Chaque fiche reprend la même structure : un titre, une liste d'ingrédients, les outils nécessaires, les étapes, les avis des utilisateurs, mais elle suggère également des recettes associées avec les mêmes ingrédients, la même thématique, le même temps de préparation ou une liste de plats associés. Chaque élément provient d'une base de données et permet d'être associé en fonction d'un contexte de navigation spécifique. Vous cherchez une recette de crêpes ? Le site vous présente la recette la plus populaire du moment, mais également d'autres desserts faciles à réaliser avec les mêmes ingrédients.

Dans l'exemple suivant, la requête « recette de crêpes » affiche une recette de crêpes et en bas de page, des contenus associés sucrés et salés.

Figure 7–7
Des contenus associés s'affichent en bas de page d'une recette de crêpes.
Source : https://www.marmiton.org/

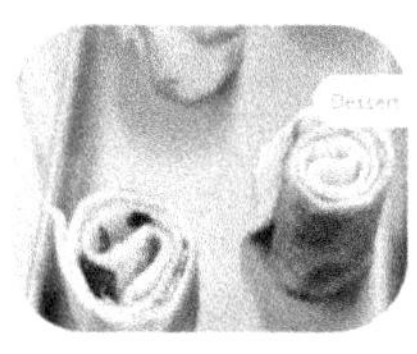

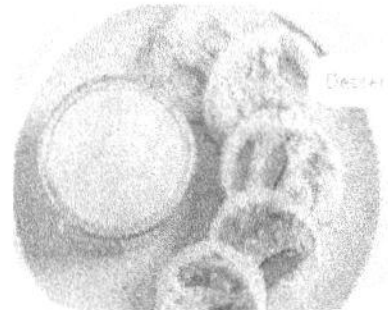

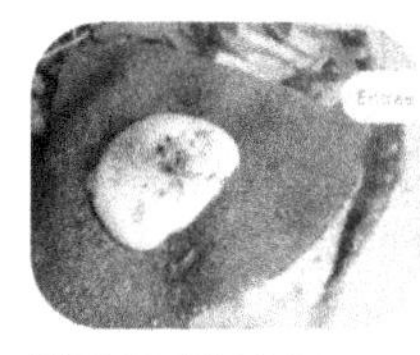

On pourrait presque s'amuser à deviner les règles pour ce modèle de contenu :

Une requête « Crêpes » affiche une recette contenant la requête et dans les liens associés, d'autres liens en relation s'affichent :

- une autre suggestion de recette pour la requête de l'utilisateur ;
- une recette contenant la requête plus rapide ;
- une recette populaire en relation avec la requête ;
- une recette contenant la requête plus simple ;
- une recette contenant la requête dans la catégorie du type de plat (entrées ou dessert).

Comment afficher ces contenus ? Grâce aux métadonnées… si elles existent. Dans notre cas, les métadonnées nécessaires seront par exemple la catégorie (entrée, plat, dessert), le degré de facilité (simple), le temps nécessaire (rapide), le degré de popularité (avis), les ingrédients (œuf, farine, huile, lait).

Mettre en place des modèles de contenu représente un investissement important et s'applique plus particulièrement au contenu à valeur ajoutée, soit en moyenne, 20 % du site. L'avantage de cette démarche est qu'elle vous invite à identifier le contenu le plus important du site et à dresser une liste de métadonnées importantes pour les différents contenus, ce qui contribue bien sûr à mieux scénariser l'information au sein de la page.

La liste des métadonnées

La liste des métadonnées est une liste de termes qui décrivent les éléments de contenu comme des pages, des images, des documents, des audios, des vidéos, des applications, etc., dans le but de faciliter l'extraction de données et son rendu, ainsi que la navigation. Elles permettent de relier des éléments d'information similaires répartis dans le contenu du site.

Par exemple, pour décrire un auteur, vous pourriez trouver la liste de métadonnées suivantes :

Liste	Description	Exemple
Prénom, Nom	Prénom(s) et nom(s) de l'auteur	Clarissa Pinkola Estés
Genre	Catégorie littéraire du livre	Psychologie
Langue	Langue du livre	Français
Traduction	Autres langues disponibles	Anglais, espagnol
Livre(s)	Liste de livres publiés	*Femmes qui courent avec les loups, La danse des grands-mères, Le don de l'histoire, Le jardinier de l'Eden*
Année de publication	Année de sortie du livre	1971

Les métadonnées facilitent la gestion de contenu et permettent de créer des sites plus dynamiques.

Rappelez-vous, les métadonnées sont structurelles (titre, sous-titre, section, etc.), descriptives (format, type, sujet, public, etc.) ou administratives (auteur, département, date de création, date de suppression, etc.).

Vous pourrez y relier un ensemble de relations sémantiques comme les synonymes, les variantes orthographiques et les termes associés.

Par exemple, pour décrire une publication, vous pourriez avoir la liste de métadonnées et termes associés suivants :

Liste	Description	Exemple	Termes associés
Nom	Nom de la publication	Rapport annuel 2020	Annual Report, rapport 2020, rapport d'activité 2020
Type	Type de publication	Corporate	Bilan
Langue	Langue de la publication	Français	
Traduction	Autres langues disponibles	Anglais, espagnol	
Date	Année de publication	2020	
Thème	Sujets principaux	Financier, RH	Finances, ressources humaines, état des lieux, activité
Format	Format disponible	PDF, brochure	Version électronique, papier
Auteur	Nom de l'auteur	Pierre Eben	Heben, Ebene

En général, cette liste de métadonnées se construit lors de la phase de l'inventaire des contenus.

Dans votre document de travail, formalisez la liste de métadonnées retenues. Pour vous aider, voici la liste des métadonnées les plus courantes avec le degré de difficulté quant à leur mise à jour et des commentaires pour illustrer nos propos.

Métadonnée	Degré de difficulté	Commentaires
Nom du département	Facile	Nomenclature standardisée au sein de l'entreprise
Chronologie	Facile	Veiller à gérer les différents formats de date : 02/04/2020 n'est pas 04/02/2020
Nom d'endroit	Facile à moyen	Veiller à gérer la variation et l'exhaustivité des dénominations : UK, Royaume Uni, Royaume-Uni, Angleterre, Ecosse, Irlande du Nord, Pays de Galles ou Bruxelles, Bruxelles-Capitale, BXL
Nom de produit	Moyen à difficile	Nomenclature et granularité différentes en fonction des départements : ISBN-10 2253147850 ISBN-13 978-2253147855, Femmes qui courent avec les loups, Femme qui court avec les loups, Histoires et mythes de l'archétype de la femme sauvage, Ref 1234586, Poche, Femme qui court avec les loups
Audience	Moyen à difficile	Classification subjective dans certains cas : ce livre est-il réservé aux femmes, aux jeunes, aux hommes, etc. ?
Sujets	Difficile	Variété de termes descriptifs et variabilité du focus selon les personnes : ce livre parle-t-il de psychologie, de contes, de développement personnel, d'ethnologie, ou un peu de tout à la fois ?

À vous ! Produisez vos livrables

Questions	Actions	Échéances
Quels livrables sont attendus ?		
• Le compte-rendu des réunions		
• Le rapport d'audit		
• La stratégie de la nouvelle architecture		
• Le plan du site		
• Les wireframes		
• La liste des métadonnées		
•		

8

Tester l'architecture d'information

L'architecture d'information est une science mesurable. Il est parfaitement possible aujourd'hui de mesurer les performances de votre arborescence et d'identifier les principaux freins dans l'accès à vos contenus.

Le test de l'arbre

L'objectif du test de l'arbre est d'évaluer objectivement l'efficacité de l'arborescence. Le principe est simple. Vous vous plantez devant un arbre, un gros de préférence, vous lui montrez une feuille représentant votre arborescence. S'il s'incline vers vous, c'est tout bon… Non… c'est une blague, bien sûr !

Le test de l'arbre consiste à demander aux personnes de rechercher une information spécifique dans le site en partant de la page d'accueil, par exemple : « Vous êtes sur la page d'accueil du site web du Guichet unique pour les entreprises. Commandez un certificat de résidence fiscale. » Personnellement, c'est le type de recherche qui m'angoisse avant même de lancer la requête, tant mes expériences jusqu'ici ont été difficiles et se sont soldées par des échecs.

Mais revenons à nos moutons et à nos arbres. Pour le test de l'arbre, deux possibilités s'offrent à vous. Soit vous testez l'accès au contenu dans l'environnement réel du site web, dans ce cas, les participants sont confrontés aux interfaces graphiques ; soit vous testez l'arborescence pure et dure, coupée de son contexte, les participants sont alors invités à cliquer sur des menus sans mise en forme particulière, comprenant simplement le nom de chaque rubrique.

Nous avons une préférence pour la seconde solution, qui est la seule à nous permettre d'analyser la performance de l'architecture de contenu indépendamment des autres facteurs, et en particulier indépendamment de l'ergonomie de l'interface de navigation. C'est également la seule approche qui permettra une comparaison scientifique des performances de deux arborescences différentes dans le cas où les interfaces évoluent. Très souvent, lors d'une refonte de site web, l'architecture d'information et les interfaces graphiques évoluent en parallèle.

Lors d'un test de l'arbre, nous mesurons les aspects suivants :

- le taux de succès dans l'accès au contenu (*success rate*) ;
- le temps moyen pour accéder au contenu (*task time*) ;
- le nombre d'hésitations (*directness rate*).

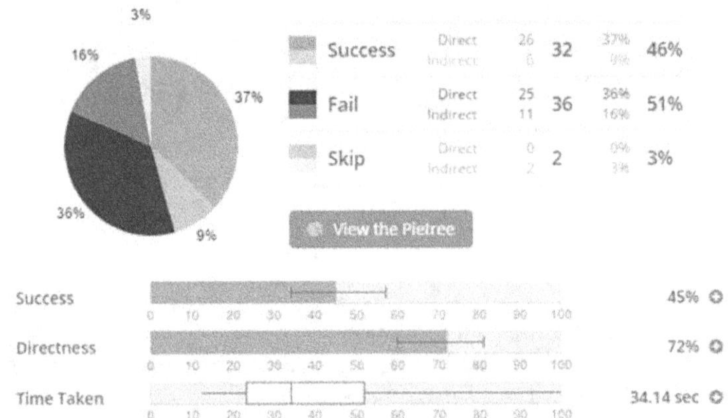

Figure 8–1
Les indicateurs de succès du test de l'arbre
Source : Yellowdolphins.com

Veillez à bien scénariser le test. Nous recommandons de tester en priorité :

- les scénarios les plus fréquents (en se basant, si possible, sur des statistiques objectives) ;
- les scénarios les plus stratégiques (par exemple une tâche qui revêt un enjeu important pour l'entreprise) ;
- les scénarios les plus délicats (par exemple une zone du site web dont vous soupçonnez la classification ou les libellés peu intuitifs).

La modélisation des résultats d'un test d'arborescence parle d'elle-même. Tous les chemins empruntés par les utilisateurs apparaissent sous forme d'une grande carte. Lorsque l'architecture d'information est chaotique et fragile, le résultat ressemble à une toile d'araignée. Lorsque l'architecture s'améliore et que les hésitations diminuent, le résultat du test finit par ressembler à une ligne de tramway (nommée Désir).

Les résultats seront ensuite analysés de manière globale, mais aussi de manière détaillée, scénario par scénario.

Si vous désirez convaincre votre management (ou vous-même) de la qualité de vos choix, la méthode la plus persuasive est de réorganiser un test de l'arbre sur la nouvelle arborescence, identique à celui que vous aviez appliqué à votre ancien site web. Vous pourrez alors comparer objectivement les performances de l'ancienne et de la nouvelle arborescence. L'ancien part cependant avec un avantage : les utilisateurs y sont habitués. Mais il n'est pas rare qu'une nouvelle arborescence dépasse rapidement l'ancienne en performance, en dépit de sa nouveauté, car elle rejoint la logique des utilisateurs.

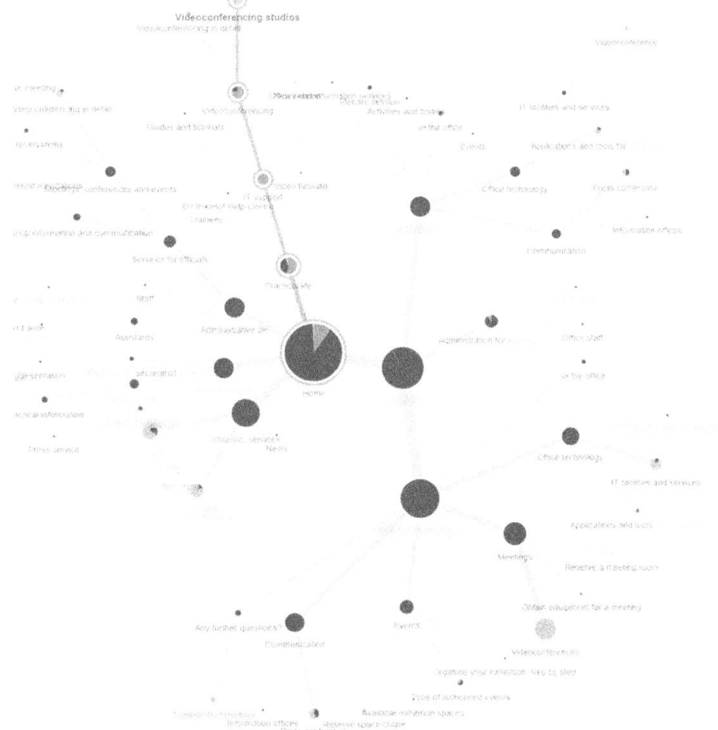

Figure 8–2
Un test d'architecture qui révèle une grande imprévisibilité de l'information.
Source : Yellowdolphins.com

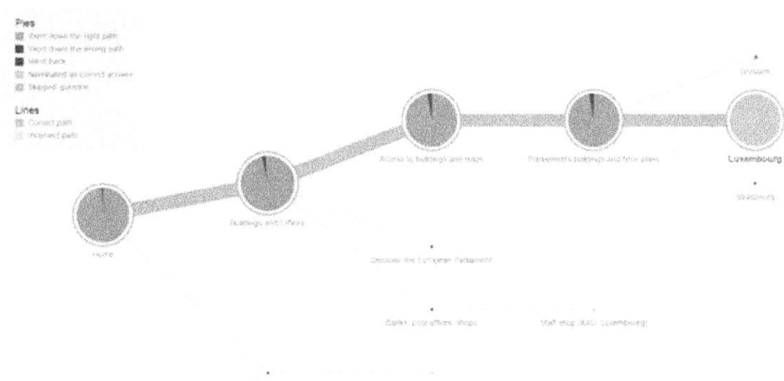

Figure 8–3
Un parcours utilisateur droit comme une ligne de métro
Source : Yellowdolphins.com

Le test de tri de cartes

L'objectif du tri de cartes est de tester votre architecture d'information, de la confronter à la logique des utilisateurs, ou de faire appel à ces derniers pour mettre en exergue leur logique. Cette méthode vient nourrir la classification, soit l'identification des regroupements naturels de contenus et la nomenclature, c'est-à-dire la recherche de libellés naturels et compréhensibles.

Le bénéfice le plus concret d'un test de tri de cartes est d'identifier :

- Les inclassables : les contenus que les utilisateurs ont beaucoup de mal à classer. Nous les identifions soit parce que les participants expriment explicitement leur difficulté, soit parce qu'ils ont tendance à les associer à des rubriques différentes, soit parce qu'ils renoncent à ranger ces contenus.
- Les incompris : les contenus qui posent question aux utilisateurs, dont ils ne comprennent pas la signification ou l'utilité.
- Les indissociables : les contenus qui sont systématiquement associés et qu'on ne peut séparer.

La recette

- Durée : 20 minutes
- Ingrédients : quelques feuilles de papier recyclé, un crayon, des Post-it

Préparation

- Inscrivez le libellé de chaque catégorie, sous-catégorie du site et élément de contenu sur des feuilles numérotées pour y faire référence plus facilement par la suite.
- Demandez à un utilisateur de trier les cartes en différentes piles, de définir un titre pour chaque pile, puis de commenter ses choix sur des Post-it qu'il collera sur chaque carte.
- Prenez notes de ses commentaires en faisant référence aux numéros des cartes.
- Prenez une photo de l'ensemble.
- C'est prêt, il ne vous reste plus qu'à analyser !

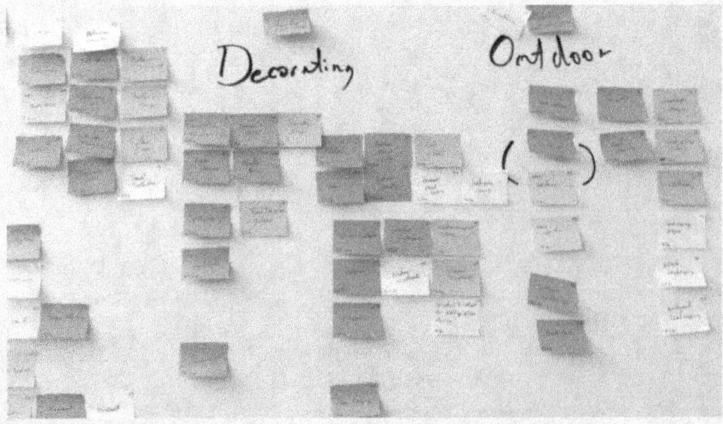

Figure 8–4 Exemple de tri de cartes ouvert
Source : http://www.danlipedesign.com/

Notre grain de sel

Le test de tri de cartes est très simple à réaliser et il permet de nombreuses variantes, à condition de mettre la main sur… des utilisateurs représentatifs de la cible.

- Vous pouvez opter pour un **tri ouvert**. Dans ce cas, l'utilisateur remplit lui-même les cartes et choisit les intitulés des catégories. Cette méthode permet de rassembler des idées.
- Vous pouvez opter pour un **tri fermé**. Dans ce cas, vous limitez le choix des utilisateurs à des titres de catégories, sous-catégories et éléments de contenu prédéfinis. Cette méthode vous permet de vérifier une architecture d'information et de valider des choix. Pour tester une nouvelle architecture, nous recommandons le test de tri de cartes fermé. Plus facile à analyser, il vous permettra de valider et d'affiner votre arborescence.
- Vous pouvez également demander à vos utilisateurs de **classer les cartes par priorités**, de mettre de côté ce qui ne leur sert pas, d'ajouter des cartes, etc.

Dans le cas des gros sites Internet ou intranet, il se peut que vous deviez tester séparément plusieurs niveaux d'architecture. Vous commencerez en général par les deux premiers niveaux (classification des contenus de second niveau dans les rubriques de premier niveau). Dans un second temps, vous pourrez tester le troisième et le quatrième niveau. Pour des raisons de budget et de sollicitation des participants, tester la totalité du site est rarement possible, vous vous concentrerez sur les zones les plus délicates ou les plus représentatives de votre architecture d'information.

De même que pour le test de l'arbre, il existe des **logiciels spécialisés** qui permettent de conduire un test de tri de cartes en ligne, le modéliser et analyser les résultats. Sachez cependant que le tri de cartes est un peu plus complexe et plus chronophage que le test de l'arbre. À distance, il vous faudra limiter les scénarios si vous désirez maintenir un bon taux de réponse. En face-à-face, nous nous permettons des tests de 40 minutes ; en ligne, maximum 20 minutes, si possible. Une manière de rendre l'exercice digeste est aussi de limiter le nombre de cartes à classer. Notre expérience nous dicte de constituer un échantillon de 50 à 60 cartes maximum.

- Une bonne stratégie est d'organiser, dans un premier temps, un **test qualitatif** en face-à-face, avec 5 à 10 participants maximum. Ce test en situation réelle permet de travailler sur la verbalisation : les personnes sont invitées à exprimer à haute voix les difficultés qu'elles rencontrent, les hésitations qui les traversent ou les problèmes de compréhension du contenu. Les faiblesses de méthodologie du test peuvent aussi être détectées lors de cette phase qualitative préparatoire (scénarisation des instructions, maîtrise du timing, qualité du contenu échantillon).
- Dans un second temps, un **test quantitatif** pourra être mené, qui donnera à votre étude une consistance scientifique irréfutable. Bien souvent, les premières conclusions qui se dégagent du test qualitatif se voient confirmées par l'étude quantitative.

L'analyse d'un test de tri de cartes demande un peu de métier, non seulement pour identifier les tendances de classification et les zones de friction, mais aussi et surtout pour en tirer les bonnes conclusions.

La **matrice de similitudes** suivante nous permet de mesurer la distance sémantique entre les contenus, selon les utilisateurs. En d'autres termes, chaque contenu possède une probabilité plus ou moins élevée d'être associé à un autre contenu.

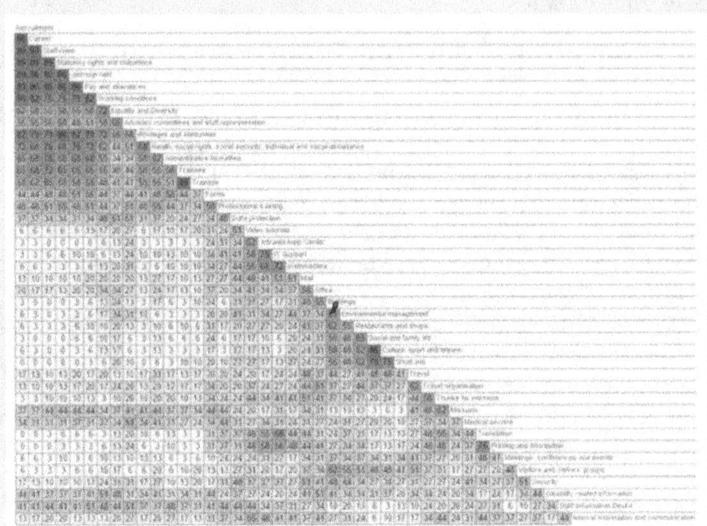

Figure 8–5 La matrice de similitudes permet de mesurer la distance sémantique entre les contenus.
Source : Yellowdolphins.com

Ci-dessous, le dendrogramme modélise les groupements de contenu (*clusters*) les plus fréquents. Les statistiques orientent vers la solution, mais l'intelligence humaine reste toujours nécessaire pour définir le choix final.

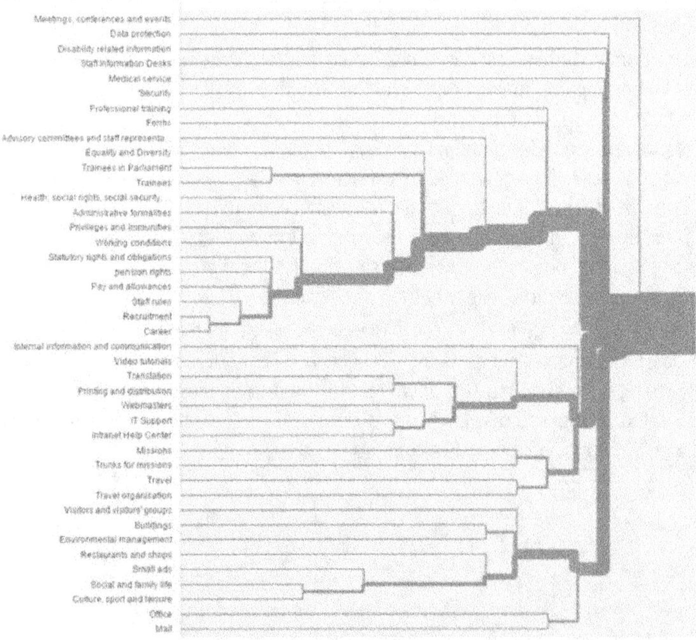

Figure 8–6 Le dendrogramme modélise les groupements de contenu (clusters) les plus fréquents.
Source : Yellowdolphins.com

Suite au test de tri de cartes, vous affinerez votre arborescence, en prenant notamment les décisions suivantes :

- renommer les rubriques incomprises ;
- déplacer les contenus mal logés ;
- ajouter ou supprimer des rubriques ;
- prévoir des passerelles entre les rubriques qui génèrent des hésitations.

Outils en ligne **Tri de cartes**

Liste d'outils de tri de cartes gratuits ou payants :
https://realites-paralleles.com/2014/02/outils-tri-carte/

Les tests utilisateurs

L'objectif du test utilisateur est de tester votre architecture d'information en demandant aux utilisateurs de trouver une information ou de réaliser une tâche précise sur le site en cours de développement. Le succès ou l'échec sont mesurés grâce au nombre de clics, temps de réponse, objectifs atteints. Ces données sont particulièrement intéressantes pour des comparaisons de type avant/après refonte et montrent de manière factuelle comment le chantier d'architecture d'information a permis d'améliorer le site.

La recette

- Durée : 20 minutes
- Ingrédients : un ordinateur avec un accès à l'architecture du site ou aux maquettes du site en développement (ou encore un prototype sur papier), un chronomètre pour mesurer le temps nécessaire à chaque tâche

Préparation

- Déterminez quelques scénarios de tâches à accomplir.
- Demandez à l'utilisateur d'effectuer les tâches en commentant ses actions.
- Prenez note de ses commentaires et du parcours qu'il entreprend. Enregistrez les tests (audio, video) pour ne pas perdre une miette de l'expérience.
- Chronométrez le temps nécessaire et le nombre de clics pour chaque tâche.
- C'est prêt, il ne vous reste plus qu'à analyser !

Notre grain de sel

- Choisissez un mélange d'utilisateurs représentatifs de tous vos personas.
- Mélangez les utilisateurs qui connaissent le site et d'autres qui le découvrent.
- Testez les différentes zones et fonctionnalités du site si possible.
- Définissez une liste de tâches concrètes et réalistes.
- Débutez par une tâche facile à réaliser pour l'utilisateur et soumettez-lui dans un deuxième temps une tâche plus difficile à réaliser.
- Allez de la recherche d'information précise (trouver un numéro de téléphone) à la collecte de données sur un thème précis (trouver un produit, ses accessoires et le délai de livraison dans le petit village de Musson).
- Les tests peuvent se faire en face-à-face ou à distance grâce à des outils en ligne.
- Rassurez l'utilisateur qu'on ne teste pas son intelligence, mais la pertinence du site.

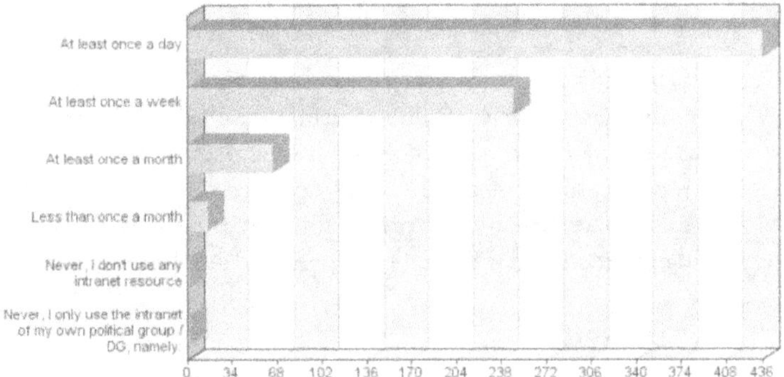

Figure 8–7
Nous conseillons d'atteindre une balance entre les participants qui connaissent déjà le site et ceux qui le découvrent pour la première fois.
Source : Yellowdolphins.com

Le nombre de participants

Combien d'utilisateurs faut-il recruter pour un test d'arborescence ? À partir de 10 utilisateurs, vous verrez déjà se dégager des tendances significatives. Mais si vous pouvez en recruter 100, votre test prendra une dimension encore plus scientifique, avec un très haut degré de certitude quant aux correctifs à apporter.

À vous ! Testez l'architecture

Questions	Actions	Échéances
Tester l'architecture… Évidemment !		
• Que dois-je tester ?		
• Quels tests mener ?		
• Qui recrute les participants ?		
• Qui fait les scénarios et qui les valide ?		
• Comment tester ?		
• Qui…		
•		

9

Concevoir le moteur de recherche

Personnellement, je suis toujours admirative devant un système de recherche qui m'envoie un résultat pertinent, tant la qualité des moteurs de recherche est encore variable aujourd'hui. Concevoir un moteur de recherche fait appel à des compétences techniques, bien sûr, mais le système repose également sur des facteurs qui conditionnent la performance d'extraction de contenu et de son rendu, et cela est en partie la responsabilité de l'architecte d'information et de l'ergonome.

Figure 9–1
Cherche Médor, cherche !
Source : https://pxhere.com/fr/photo/1072034

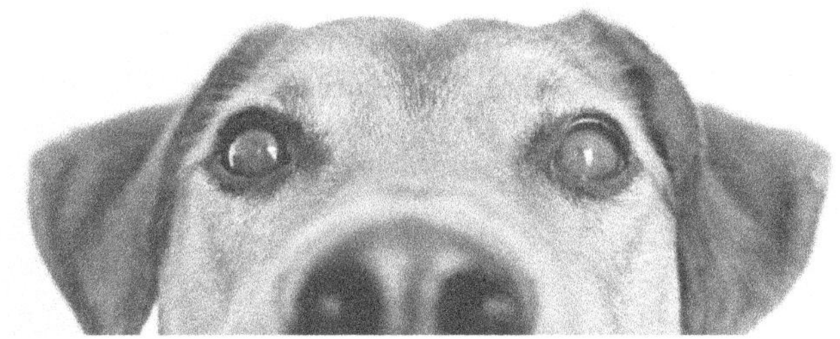

Conseil

Évitez de pallier une mauvaise architecture d'information par un moteur de recherche. D'une part, les utilisateurs seront inévitablement frustrés, d'autre part, les systèmes de recherche sont plus efficaces s'ils peuvent s'appuyer sur de bons systèmes de navigation qui ont notamment mis en place le marquage des contenus.

Analyser l'existant

Une des premières phases du projet sera d'auditer le moteur de recherche interne s'il existe. Si cette analyse est possible, elle se fera bien sûr à partir de tests, de l'analyse des logs du moteur, des fonctionnalités existantes et des statistiques du site pour analyser le parcours des utilisateurs.

- Quelles sont les forces et les faiblesses de l'existant ? Par exemple : les résultats sont dupliqués, il n'y a pas d'auto-complétion, le mot-clé recherché n'apparaît plus une fois que les résultats s'affichent, les filtres n'apparaissent que sur l'interface de recherche avancée, il n'y a pas d'images pour soutenir la pertinence des résultats, il n'y a pas de correction des fautes de frappe, etc.
- Quel est le périmètre de recherche du moteur : effectue-t-il des recherches sur tout le site, sur une catégorie spécifique, sur un type de document ?
- Qui est responsable du moteur de recherche ? Qui en assurera la maintenance après la refonte ? Y a-t-il une équipe technique en place ?
- Quelles sont les contraintes techniques, juridiques, organisationnelles ?

Suite à cela, vous ferez une liste de recommandations, de bonnes pratiques. Dans certains cas, il sera important d'accompagner le client sur les possibilités techniques d'un moteur.

Par exemple, les bonnes pratiques en matière d'affichage de résultats conseillent de rappeler la requête en haut de la page de résultats, d'afficher le nombre de résultats, d'affiner le périmètre de recherche une fois les résultats affichés (recherche sur tout le site ou uniquement sur les documents), de permettre de filtrer les résultats (date, langue, type de document, auteur, etc.), ou de changer l'ordre d'affichage (tri par popularité, par pertinence, par date), etc.

En ce qui concerne l'auto-complétion, vous pourrez expliquer que des outils de suggestion de requêtes sont disponibles sur certains moteurs de recherche, qu'il existe un système de blacklist pour exclure certains mots-clés non souhaités, qu'il est possible de régler la tolérance orthographique afin de retourner des documents qui contiennent des termes proches de la requête, etc.

La définition des intentions de recherche

Quelles sont les intentions de recherche des utilisateurs. Pour chaque persona du site, vous définirez de possibles objectifs de recherche. Cela vous permettra de définir comment vous pourrez mieux architecturer le moteur au niveau du périmètre de recherche, des filtres et des facettes, de l'affichage des résultats, des tris, de la pondération, etc.

Par exemple :

- Jean, journaliste, cherche une information sur une thématique précise ou un pays ;
- John, chercheur, cherche un document précis ou un type de document ;
- Estelle, institutrice, cherche des informations sur le rôle de l'entreprise ;
- Esmeralda, étudiante, cherche un stage.

La détermination des zones de recherche

Faut-il indexer tout le contenu du site pour la recherche ? Si non, quels contenus faut-il indexer ? Certains documents ont-ils plus de poids que d'autres ? Si oui, quels sont les « bons contenus » à prioriser lors de la recherche ?

Les zones de recherche sont des parties du site qui font l'objet d'une indexation spécifique, indépendamment du reste du site. Elles correspondent à des centres d'intérêt, par exemple, sur un site e-commerce, vous cherchez spécifiquement un livre en français et sélectionnez dès lors l'option *Livres en français* avant de saisir une requête dans le champ de recherche, plutôt que de chercher sur toutes les catégories.

Le moteur de recherche

Le moteur de recherche a pour but de permettre de trouver l'information. Évitez une interface complexe et des options de recherche ambiguës sous peine de faire fuir l'internaute !

Figure 9–2 L'ambiguïté des options et libellés qui relèvent du jargon interne pose d'emblée problème.
Source : Chuuttt, même pas sous la torture !

Figure 9–3
Les multiples zones de recherche possible sur le moteur de recherche interne du leader mondial de l'e-commerce
Source : Amazon.fr

Pour déterminer les zones de recherche, pensez aux classifications des contenus que vous avez identifiées lors de la collecte de contenu, par exemple :

- sujet, catégorie ou thème ;
- date ;
- audience ;
- auteur ;
- critère géographique ;
- identifiant ou référence ;
- type de contenu ;
- département ;
- prix, etc.

Sur certains sites, il pourrait être judicieux de proposer des requêtes sur des éléments de contenus spécifiques, comme le titre, la description, ou encore un mot-clé.

Figure 9–4
Recherche par domaine, sous-domaine et sujet
Source : https://op.europa.eu/en/home

Pensez à votre persona. Comment cherchera-t-il le contenu ? Si vous lui proposez une classification calquée sur l'organisation interne de l'entreprise, l'utilisateur sera incapable de sélectionner les zones de recherches en toute connaissance de cause. Par exemple, proposer des recherches par titre de publication fonctionne bien pour vos abonnés, vos habitués et vos lecteurs, mais pour ceux qui n'ont aucune idée du contenu de vos publications, le choix relèvera du jeu du *vogelpik* (« jeu de fléchettes » en néerlandais, par extension, sans doute suite à de nombreux coups à côté de la cible, ce terme est synonyme de « au hasard » pour tout bon Bruxellois qui se respecte).

Excluez ensuite les pages de navigation comme la page d'accueil, les pages d'arrivée des catégories et des sous-catégories, la page du sitemap, les pages d'erreur 404, les publicités, et de manière large, les éléments de l'en-tête (*header*) et du bas de page (*footer*), etc., pour privilégier les pages de destination qui renverront des résultats davantage pertinents, par exemple, la fiche d'un produit ou la page d'un service, les coordonnées de contact d'un bureau local, etc.

Figure 9–5
La recherche par catégorie de publication
Source : https://www.eca.europa.eu/

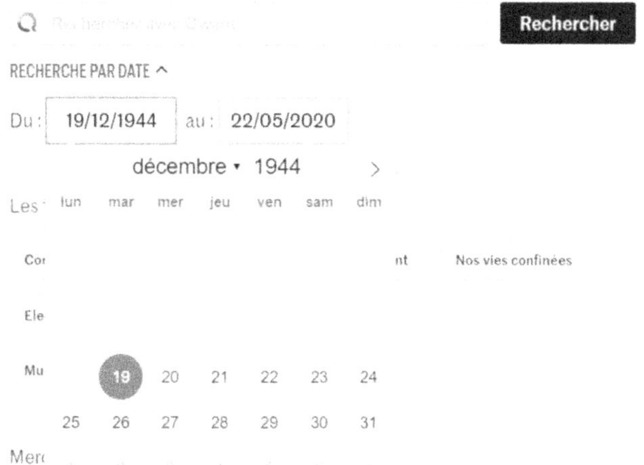

Figure 9–6
La recherche chronologique par date de publication fait sens sur un site d'actualités.
Source : Lemonde.fr

La machine sous le capot

Les moteurs de recherche se basent sur des algorithmes d'extraction qui répondent à des besoins spécifiques et permettent de résoudre des problématiques différentes.

Bon nombre d'algorithmes emploient le filtrage par motifs. Ils comparent les chaînes de caractères de la requête de l'utilisateur, par exemple « énergie verte » avec les documents disponibles sur le site et ils affichent la liste de documents qui contiennent cette requête.

Dans certains cas, les résultats sont très nombreux et la pertinence est aléatoire, ou l'inverse, il y a peu de résultats, mais la pertinence est élevée. Un chercheur dans un domaine sera très heureux d'avoir de nombreux résultats suite à sa requête, tandis qu'un citoyen s'attendra à trouver le (LE = *The only one*) document pertinent dans le cadre de sa démarche. L'idéal est de trouver le bon équilibre entre le nombre et la pertinence afin de satisfaire un maximum d'utilisateurs.

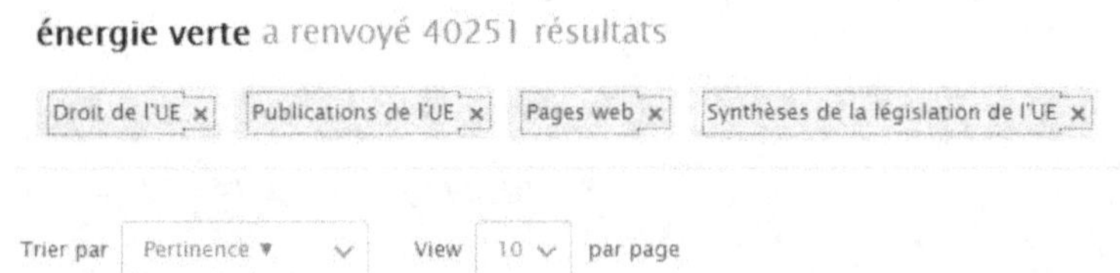

Figure 9–7
De nombreux résultats classés par pertinence pour la requête « énergie verte »
Source : https://op.europa.eu/

La pondération de différents champs de recherche va également permettre d'améliorer la pertinence d'un document. Dans certains cas, on donnera plus de poids à un document si le titre ou le chapô contiennent la requête. Dans d'autres cas, on privilégiera la référence du document. Chaque critère est susceptible d'être ajusté selon les essais effectués.

Dans notre exemple ci-dessous, le poids de la référence du document est plus important que la date du document. Au niveau du calcul du score du document, on pourrait trouver la logique suivante :

- Si la requête contient la référence exacte du document, alors on attribue un score de 20 au champ « référence du document » ou au champ « référence étendue ».
- La langue de l'utilisateur reçoit un score de 5.
- Les documents de type rapport annuel ou rapport thématique reçoivent un score de 2. Sinon, le score est de 0.
- Les documents dont la date de publication est supérieure à 1 an par rapport à la date de la recherche de l'utilisateur reçoivent un score de 0.

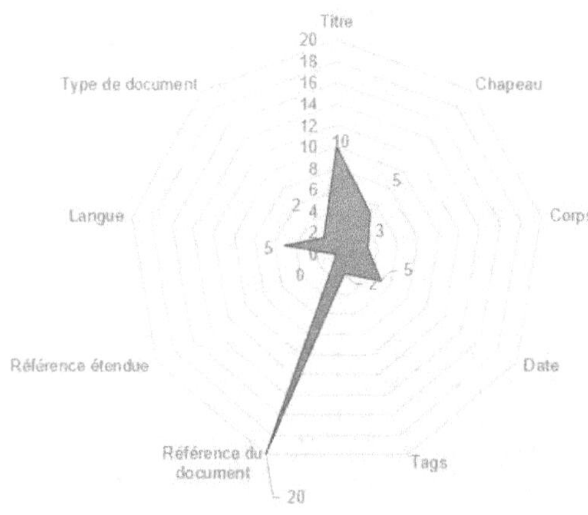

Figure 9–8
Exemple de la répartition du poids entre les différents champs
Source : Yellowdolphins.com

Dans l'exemple ci-dessous, imaginons que l'utilisateur lance la requête « WFP action plan » en anglais à partir de la version anglaise du site. Pour le premier document, la requête n'apparaît que dans le corps du texte. Le document a moins d'un an (5 points), il contient la requête dans le corps du texte (2 points), il est en anglais (5 points). Il comptabilise un score total de 12 points.

Nom du document : The new program for Central Africa - 2020	
Champs	**Poids**
Titre	0
Chapô	0
Corps	2
Date	5
Tags	0
Référence du document	0
Référence étendue	0
Langue	5
Score total	12 points

Pour le second document, la requête apparaît dans le titre (10 points), le chapô (5 points), le corps du texte (3 points). Le document a moins d'un an (5 points) et il est en anglais (5 points). La requête apparaît dans le tag (2 points). Ce document comptabilise un score total de 30 points, plus élevé que le premier document. Ce score le remontera logiquement en premier dans les résultats.

Nom du document : The WFP action plan for Central Africa - 2020	
Champs	**Poids**
Titre	10
Chapô	5
Corps	3
Date	5
Tags	2
Référence du document	0
Référence étendue	0
Langue	5
Score total	30 points

Pour des moteurs de recherche plus élaborés, il est possible de proposer un approfondissement de la recherche. Dans ce cas, le premier résultat jugé pertinent est alors considéré comme la nouvelle requête et des résultats similaires sont dès lors suggérés à partir d'associations de mots-clés, d'auteurs, etc.

En plus de la pondération des critères repris dans l'algorithme, d'autres méthodes sont utilisées pour améliorer la pertinence des résultats, pour ne citer que quelques exemples :

- Les vérificateurs orthographiques : ils corrigent les fautes de frappe de l'utilisateur pour afficher les résultats malgré le mot mal orthographié. Par exemple « héolienne » sera corrigé en « éolienne ».
- Les outils de « stemming » ou arborescence lexicale : ils permettent d'élargir la requête aux mots associés à une même famille. Par exemple « éolienne » sera associé à « éolien, éolisation, éoliser ».
- Les outils de traitement du langage naturel : ils examinent le contenu syntaxique de la requête pour mieux l'interpréter. Par exemple « Comment une éolienne fait de l'énergie » sera interprété comme « Fonctionnement d'une éolienne ».

Figure 9–9
Vérificateur orthographique et stemming en action
Source : Google.fr

> **Remarque**
>
> L'analyse des logs internes permet d'accéder à de nombreuses informations sur les besoins concrets et réels des utilisateurs, sur ce qu'ils s'attendent à trouver sur votre site. Elle permet aussi de détecter des améliorations à apporter au niveau du contenu ou de l'architecture d'information.

La présentation des résultats

Le plus compliqué est en place et ça roule, il ne reste plus qu'à afficher ce que le moteur a trouvé comme résultats. Pour ce faire, vous vous baserez sur le contenu du site et la façon dont votre utilisateur interagit avec ce contenu. Voyons quels éléments sélectionner et comment les mettre en scène sur les pages de résultats.

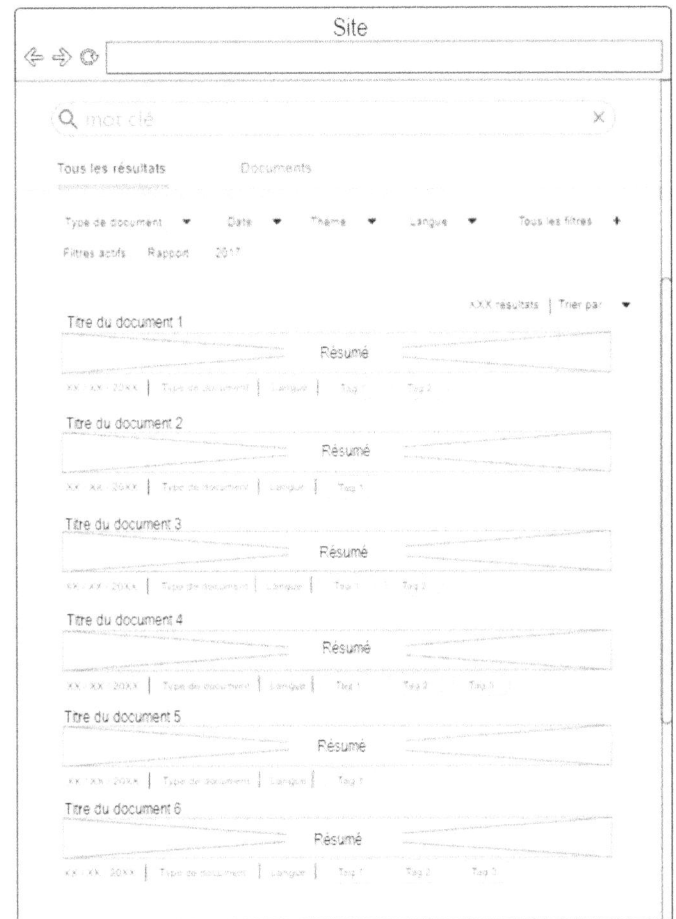

Figure 9–10
Wireframe d'une page de résultats
Source : Yellowdolphins.com

Voici la liste des éléments à afficher pour chaque résultat :

- Un nombre limité d'informations quand l'internaute sait exactement ce qu'il cherche, par exemple, le dernier livre de la série *XIII*. Dans ce cas, le titre, le nom de l'auteur, le prix et une vignette feront l'affaire.
- Plus de choix quand l'internaute ne sait pas exactement ce qu'il cherche, par exemple les éléments les plus récents de la catégorie sélectionnée, les plus populaires, etc. Dans ce cas, les derniers livres de la série ou les plus populaires peuvent être accompagnés d'une vignette et du prix.

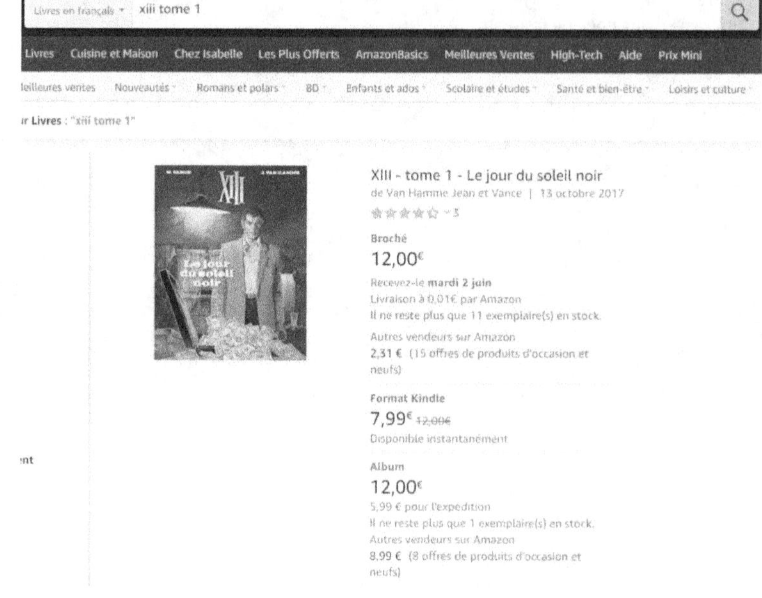

Figure 9–11
Une recherche précise renvoie un résultat détaillé.
Source : Amazon.fr

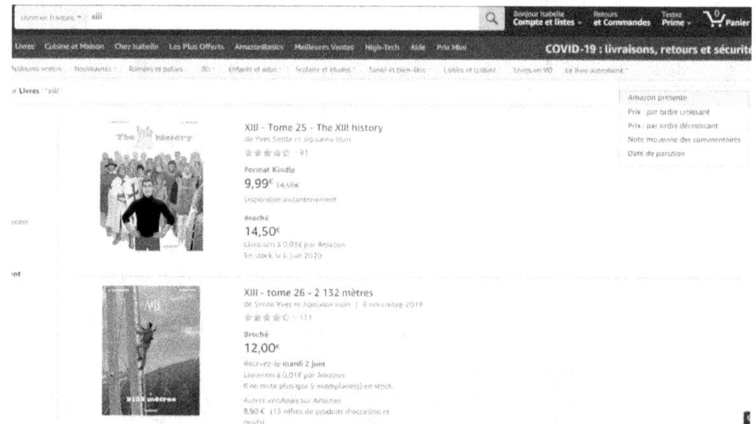

Figure 9–12
Une recherche moins précise renvoie une liste moins détaillée.
Source : Amazon.fr

- Si la recherche est effectuée dans le contenu du texte, la requête de l'utilisateur est passée en gras au sein des documents retournés, afin de faciliter la lecture des résultats.

Figure 9–13
La mise en gras de la requête facilite la lecture.
Source : https://op.europa.eu/

- Affichez les éléments les plus pertinents parmi les éléments de contenu disponibles, c'est-à-dire la façon dont votre contenu est structuré, tout en veillant à ne pas surcharger les résultats avec des informations inutiles, ambiguës ou incompréhensibles.

Dans l'exemple ci-dessous, chaque résultat retourne un titre, une date, un tag, un résumé tronqué. Il nous semble que l'affichage pourrait être amélioré, notamment par des tags plus explicites et un résumé complet. L'élément d'information « démarche » accompagne le résultat sous forme de deux vignettes différentes, mais les implications découlant de cette différence ne sont pas évidentes (pour la créature citoyenne que je suis, en tout cas).

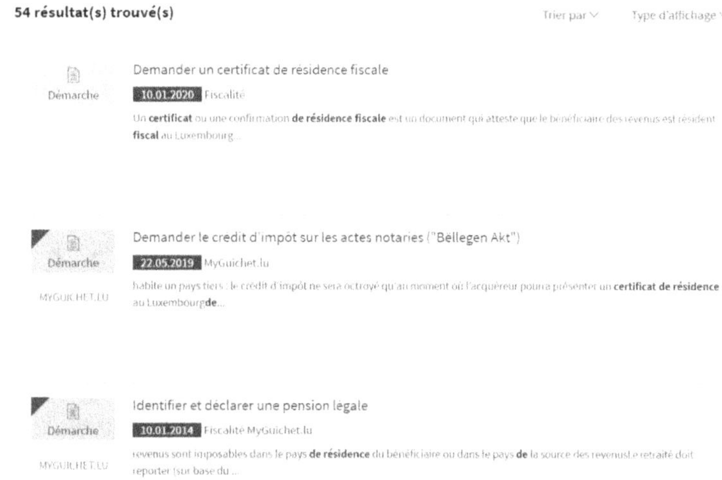

Figure 9–14
Pourquoi certaines images contiennent un coin rouge et d'autres pas ? Ce n'est pas clair.
Source : https://guichet.public.lu/fr/support/recherche.html

Gardez en tête que, comme pour les pages de résultats des moteurs de recherche, les utilisateurs ne s'aventurent pas systématiquement au-delà de la première ou de la deuxième page.

Une fois les résultats produits et les éléments à afficher identifiés, encore faut-il les présenter de manière ergonomique et pertinente pour l'utilisateur. Il y a l'art, sans doute, mais en ce qui concerne la manière, considérez en premier lieu votre utilisateur : de quoi a-t-il besoin prioritairement et comment va-t-il utiliser ces résultats ? En d'autres mots, quelle action suivra la consultation de ces résultats.

La liste de résultats pourra être présentée selon deux critères :

- affichage par tri, plus adapté pour des décisions : par chronologie, par ordre alphabétique, par prix, etc.
- affichage par rang, plus adapté pour des prises d'informations : popularité, pertinence, notes des utilisateurs ou des experts, etc.

Ou un peu des deux.

Suite à une requête large sur « XIII », la page de résultats d'Amazon affiche les derniers albums du héros. L'utilisateur peut ensuite affiner en sélectionnant la moyenne des commentaires des clients, par ordre décroissant ou croissant de prix, ou sélectionner les nouveautés.

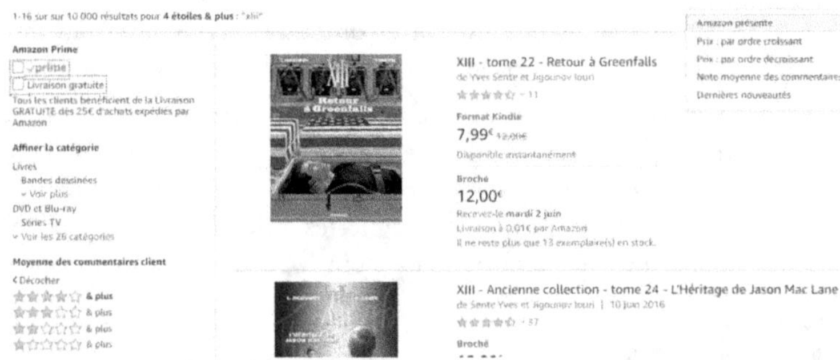

Figure 9–15
Le moteur de recherche permet d'affiner les résultats.
Source : Amazon.fr

Quelques bonnes idées, ou pas

- Inutile d'essayer de fourguer une Rolls à votre utilisateur s'il adore rouler en Buggy : faites simple et répondez au besoin de l'utilisateur sans surcharger votre moteur de recherche de multiples fonctionnalités, gadgets tendances, manières d'accéder à l'information (par carte, par ligne du temps, par télépathie, par mail et à dos de chameau) si sa demande n'est pas là. Par exemple, proposer l'affichage de publications sur une ligne de temps pour une dizaine de publications annuelles peut provoquer un contre-effet. Résistez à la pression !
- Soignez l'ergonomie des pages de résultats : évitez de monter un moteur de Ferrari sur un pousse-pousse monoplace tout rouillé. La lisibilité des résultats, la fluidité des interfaces participent à la satisfaction et au succès de la démarche.
- Reprenez la requête de votre utilisateur dans les pages de résultats. Oui, il a le droit d'oublier son objectif initial après avoir parcouru les 30 premières requêtes de résultats sans succès !
- Précisez le périmètre de requête dans lequel la recherche a été effectuée, par exemple : support technique, produits, catégorie *Jardin et bricolage*.
- Proposez une solution alternative si la requête n'aboutit pas : inviter à reformuler une requête, donner des conseils pour mieux tirer profit du moteur, renvoyer à un système de navigation comme un sitemap, fournir les coordonnées de contact du support. Vous aimeriez ajouter de passer par Google qui est parfois plus efficace que le moteur de recherche interne, dans certains cas, mais est-ce bien raisonnable ?
- Analysez vos logs et améliorez le marquage des documents.

Les KPI du moteur de recherche

La bête est en ligne, elle vrombit de plaisir et les utilisateurs rugissent d'admiration. Tout est parfait dans le meilleur des mondes.

Plus qu'à loguer l'ensemble des requêtes dans l'outil d'analyse de trafic pour tracer la performance de l'animal et surtout analyser le comportement des utilisateurs.

Le but est de suivre chaque clic sur chaque requête et de stocker cet événement pour pouvoir l'analyser.

Pour mesurer la qualité du moteur, vous suivrez l'indicateur global de performance qu'est le taux de clics par requête qui correspond au nombre moyen de clics effectués par un utilisateur après une recherche.

En l'occurrence, si le clic par requête est de zéro, cela signifie que les utilisateurs ne cliquent pas sur les résultats. On peut raisonnablement en déduire que la pertinence des résultats (sur le fond ou la forme) est nulle. Si le taux de clics par requête est bas, il est probable que la pertinence des résultats est basse.

La gouvernance

Avant la mise en ligne, vous aurez pu compter sur des personnes pour développer le moteur au niveau technique et ergonomique. Vous aurez fait des choix fonctionnels pertinents et la phase de tests aura permis d'affiner les réglages du moteur, notamment au niveau de la pondération des différents critères.

Une fois le moteur en ligne, il est important de s'assurer que certaines tâches seront assurées dans le but de préserver la pertinence et la pérennité des résultats :

- Qui va suivre et remonter les KPI *(Key Performance Indicators)* et vers qui ? Instaurez des processus ☺.
- Qui décide des actions à mener suite à cette analyse (par exemple, en cas de faible pertinence, d'absence de résultats, de bugs, etc.) ?
- Qui tague les contenus ? Qui forme les gestionnaires pour qu'ils effectuent ce travail en toute connaissance de cause ? Qui assure la qualité ?
- Qui s'assure que les métadonnées sont pertinentes et permettront de retourner des résultats pertinents, etc. ?

À vous ! Concevez le moteur de recherche

Questions	Actions	Échéances
Le moteur de recherche		
• A-t-on du budget ?		
• A-t-on les logs de l'existant ?		
• Que disent les tests ?		
• Sur quoi portera la recherche ?		
• Quelles sont les contraintes techniques ?		
• Tous les documents sont-ils qualifiés ?		
•		

10

Valoriser le patrimoine éditorial

Derrière chaque entrée d'une arborescence se cachent plusieurs actions et coûts de maintenance. Tenez-en compte au cours du projet, car faire une architecture ambitieuse sans avoir les moyens de la maintenir, ne serait-ce pas dommage ?

Figure 10–1
Avez-vous les moyens de votre ambition ?
Source : https://pxhere.com/fr/photo/1234592

Pour éviter les « si j'avais su » un peu tardif devant une masse éditoriale ingérable, considérez les questions suivantes au moment de concevoir votre architecture :

- Quels nouveaux contenus éditoriaux dois-je produire ?
- Quelle masse éditoriale dois-je maintenir ?

- Ai-je des ressources humaines pour la gestion éditoriale ?
- Puis-je assurer les coûts liés à la gestion éditoriale ?
- Ai-je calé un calendrier éditorial réaliste sur l'architecture ?
- Etc.

Bugdétisation de l'éditorial							
Rubriques	Rédacteurs	Mises à jour (an)	Jours / homme	Coût rédacteur	Coût annuel	Visites / an	Coût / visiteur
Home page	Jean	50	25	350	8750	256.425	0,0341
Aides aux entreprises	Jacques	10	3	350	1050	120.000	0,0088
Publications	Jo	50	40	350	14000	20.000	0,7000
News	Jeanne	100	80	350	28000	20.000	1,4000
Législation	Jacqueline	4	1	350	350	300	1,1667
Galerie	Johanne	25	5	350	1750	752	2,3271
Nos bâtiments	John	1	0,5	350	175	50.000	0,0035
A propos de nous	Johanna	2	0,5	350	175	1.236	0,1416

Figure 10–2 Le budget éditorial d'une arborescence
Source : Yellowdolphins.com

La gestion des contenus

À partir de la nouvelle arborescence, vous aurez du travail éditorial à fournir autour des nouveaux contenus, des contenus existants et des contenus à supprimer.

Un important travail d'écriture et de réécriture est souvent nécessaire :

- Certains contenus doivent être produits suite à la création de nouvelles catégories ou de nouvelles pages.
- Certains contenus doivent être fusionnés ou mis à jour, et le copier-coller ne suffit pas.
- La plupart des contenus doivent être restructurés selon le nouveau gabarit éditorial, qui propose une structure de page cohérente et efficace à travers tout le site.
- De nombreux contenus doivent être repositionnés dans le nouveau sitemap. La manière d'introduire le contenu et l'angle d'écriture peut nécessiter des adaptations.
- Certaines pages seront supprimées ou archivées, quelles actions cela implique-t-il ?

Un bon tableau de bord et une organisation rigoureuse vous permettront de piloter le navire éditorial du nouveau site vers la terre promise, c'est l'heure de la migration.

Les éléments indispensables au suivi du chantier seront différents pour chacun, néanmoins voici quelques idées :

- numéro d'identification du contenu : un numéro unique pour chaque entrée ;
- actions à mener : réécriture, fusion, suppression, etc. ;
- titre : titre de la page, même s'il est temporaire ;
- briefing et sources : informations nécessaires à la production ;

- ressources complémentaires à produire : multimédia, document, etc. ;
- modèle de page : type de gabarit utilisé ;
- métadonnées : titre, mots-clés, description, tags ;
- responsable du contenu ;
- statut : en cours, validé, etc. ;
- ordre de priorité : 1, 2, 3, … éventuellement.

Les contenus à produire

Une fois que vous disposez de votre architecture, vous aurez peut-être identifié une série de nouveaux contenus qui viendront enrichir le site.

Quelques outils peuvent vous aider à produire le contenu.

Le texte étalon ou l'article zéro

Le texte étalon est le contenu « modèle » qui donne une idée de la tonalité éditoriale, du format, du vocabulaire, du « read & feel ». Il servira d'inspiration pour le rédacteur. Ainsi, vous pourriez rédiger une actualité type, une page « corporate », une page de présentation de département, une légende de bannière, etc.

La phase pré-rédactionnelle

Si vous ne gérez que quelques pages, un simple briefing de rédacteur et un bon guide de style suffiront normalement à garder une cohérence de style et de fond.

En cas de gros volume de contenu à produire, les briefs de contenu pourront vous aider à garder une homogénéité au niveau de la présentation des informations et de la granularité. C'est ce que nous avons choisi de mettre en place pour la refonte d'un intranet de milliers de pages qui a donné lieu à 700 pages à réécrire. Cette façon de procéder a permis de donner aux différents rédacteurs un brief détaillé de ce qu'ils devaient rédiger. Malgré la taille du chantier, nous avons pu assurer une cohérence de présentation des informations, une granularité homogène, une approche macro du système d'information avec notamment un maillage constant vers d'autres ressources.

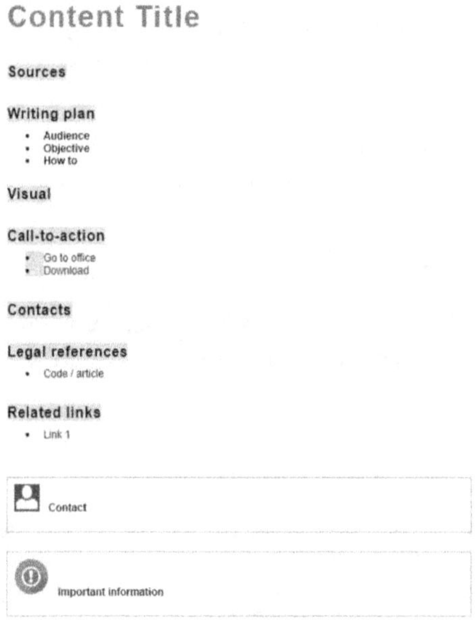

Figure 10–3
Exemple d'un brief prérédactionnel dans le cadre d'une refonte d'intranet
Source : Yellowdolphins.com

Content Title

Sources

Writing plan
- Audience
- Objective
- How to

Visual

Call-to-action
- Go to office
- Download

Contacts

Legal references
- Code / article

Related links
- Link 1

Contact

Important information

Penser à l'intégration

Pensez à faciliter la phase d'intégration, un moment où les délais sont souvent très serrés. Une suggestion est d'orchestrer la production de contenu au sein de modèles qui formaliseront et figeront les champs à compléter. Ils se calqueront sur le gabarit éditorial et les champs du CMS à remplir.

Pour notre part, le tableur est un bon point de départ. Il intègre autant de colonnes qu'il y a de champs à remplir dans le CMS, par exemple : la catégorie, la sous-catégorie, le `title`, le titre `h1`, la `meta description`, le chapô, le corps du texte, les liens annexes, les images, les tags d'audience, les données de géolocalisation, ou encore les mots-clés, les recherches associées, le lien vers l'image, etc.

Les contenus à fusionner

Dans la nouvelle architecture, vous aurez peut-être choisi de consolider l'information.

Dans ce cas, il se peut que des bribes d'informations dispersées sur plusieurs pages soient désormais regroupées au sein d'une seule page. Que va-t-il advenir des autres pages ? Crée-t-on une nouvelle page ou capitalise-t-on sur une page existante, et si oui laquelle ?

Indiquez pour chaque page leur devenir. Ces informations seront utiles pour la migration lorsqu'il s'agira de préserver le référencement acquis au fil des années ou d'assurer aux utilisateurs un accès facile aux nouvelles ressources à partir de leurs pages mises en favoris.

5761	5847 ALL		Accessibilité	Ne faire qu'une seule page Accessibilite pour le site
5762	5848 ALL		Mentions légales	Ne faire qu'une seule page Mentions légales pour le site
5763	5849 ALL		Vie privée	Ne faire qu'une seule page Vie privée et respect données personnelles pour le site
5767	5853 ALL	*Compte utilisoteur*		Prévoir un login pour l'applicatif, extranet, intranet, etc.

Figure 10–4 Fusionner des pages fait partie des actions éditoriales consécutives à une refonte.
Source : Yellowdolphins.com

Les contenus à mettre à jour

Pendant la phase d'analyse, vous aurez peut-être identifié des contenus ou des rubriques entières à mettre à jour. C'est le moment de s'y atteler. Capitalisez sur l'existant et faites du recyclage ! Pensez-y : un contenu actualisé peut être à nouveau propulsé. Cette deuxième vie du contenu génère souvent un bon référencement tant il est vrai que les moteurs aiment les contenus anciens toujours d'actualité.

Les contenus à supprimer

La refonte est l'occasion rêvée de faire un bon nettoyage de printemps. Souvent même de plusieurs printemps.

Avant de supprimer un contenu, assurez-vous que vous avez réfléchi à l'alternative que vous mettez en place pour éviter les erreurs 404 et les frustrations des utilisateurs qui auront mis une page en favori et qui ne la retrouvent plus. Indiquer vers quelle nouvelle page ou catégorie cette ressource sera redirigée est un geste salutaire pour vos utilisateurs.

Figure 10–5
Indiquez vers quelle nouvelle catégorie ou page, le contenu supprimé sera redirigé.

Formulaires	Redirection vers Contact
Version imprimable	Redirection vers Aides financières
Calculator	Redirection vers Lien extérieur
Calendrier	Redirection vers Lien extérieur
Pages en NL et DE	Redirection vers lien extérieur
Résultats du moteur de recherche	Redirection vers Aides financières
Résultats du moteur de recherche	Redirection vers Aides financières
Résultats du moteur de recherche	Redirection vers Aides financières
Résultats du moteur de recherche	Redirection vers Aides financières
Résultats du moteur de recherche	Redirection vers Aides financières

Les contenus à archiver

Vous avez eu beau taper du pied, argumenter, répéter… Rien n'y a fait. Quelle qu'en soit la raison, la décision est prise, le site ne se séparera pas de ses 15 000 actualités accumulées au fil des dernières (trois) décennies. Lâchez. Si, lâchez. Tant qu'à remuer les insondables profondeurs, mieux vaut investir votre énergie dans le sauvetage des baleines ou des dauphins. Prévoyez un archivage et le processus qui l'accompagne :

- Quels contenus archive-t-on et lesquels supprime-t-on ?
- Quel est l'élément déclenchant un archivage ?
- Qui est en charge de l'archivage ?
- Sera-t-il automatique ?

- Qui se charge des redirections ?
- Du retrait du sitemap ? etc.

Figure 10–6
Ben oui, on lâche !
Source : https://pxhere.com/fr/photo/1009588

Déployer l'architecture

Elle est belle, dans son écrin .xls, finement ligné à carreaux, la toute nouvelle architecture et ses 1 000 entrées prêtes à être déployées.

Figure 10–7
Votre architecture suscitera des explosions de joie… autant que les maquettes graphiques. Ce n'est pas sûr, mais moi je veux encore y croire.
Source : https://pxhere.com/fr/photo/764632

Bon… c'est vrai, il n'y a peut-être que les architectes d'information (et les experts-comptables) qui sont capables de s'extasier et de soupirer de soulagement devant un tableur rempli de données !

Quoi qu'il en soit, elle est là, dans tout son potentiel. L'arborescence et ses trois ou quatre niveaux sont validés, il n'y a plus qu'à… lui donner vie.

Le déploiement de la nouvelle architecture dans le CMS et la phase d'intégration du contenu gagnent à être abordés comme une phase du projet à part entière.

Il s'agira pour le pilote de ce déploiement de jongler entre différentes casquettes pour :

- Définir une stratégie afin d'intégrer la masse de contenu au sein du CMS : priorités, ordre, méthodologie, validation, etc.
- Encadrer l'équipe des intervenants : organisation du travail, formation, règles à respecter, etc.
- Faire le pont entre les uns et les autres : intégrateurs, rédacteurs, IT, marketing, etc.
- Maintenir à jour les référentiels qui bougeront peut-être pendant la phase de déploiement.
- Être un peu couteau suisse et pompier à la fois (le rêve de toute femme mariée) : il faudra parfois réécrire des bouts de texte devenus trop longs en version HTML, trouver des visuels qui n'étaient pas prévus, couper le titre qui passe mal sur trois lignes, alléger des images, rédiger un tableau de balises `title`, renseigner les textes alternatifs des derniers visuels, etc.

C'est là que les informaticiens peuvent vraiment faciliter le déploiement de l'architecture au sein du CMS, voire permettre d'intégrer d'un clic magique tout le contenu. Caler le fichier de travail sur l'architecture en tenant compte des spécificités et des contraintes du CMS est la plus belle manière de vous faire des alliés du côté de l'IT et du côté des intégrateurs. Par exemple, une colonne sera ajoutée au sein du tableur pour désigner les images, une autre pour désigner le gabarit utilisé, une autre pour les tags audience, etc.

	A	B	C	L	M	O	P	Q	R	S	T	U	V
1	ID	URL	Menu Bloc	Topic	Template	File	Description	Target	Geolocalisation	Direct link	Picture	Level 1	Template
2			Browse As										
3	1			Human Resource:	Topic			External staff	ALL	Human Resources	human-resources.svg		
316	314			Buildings	Topic			Trainee/Extern	ALL	Buildings	buildings.svg		
463	461			Meetings and Eve	Topic			Administrative	ALL	Meetings and Events	meetings.svg		
531	529			Missions and Tra	Topic			External staff	ALL	Missions and Travel	missions.svg		
728	726			Finance	Topic			External staff	ALL	Finance	finance.svg		
797	795			Training	Topic			Retired staff	ALL	Training	training.svg		
835	833			Communication T	Topic			External staff	ALL	Communication Tools	communication.svg		
900	898			IT Support	Topic			Administrative	ALL	IT Support	it-support.svg		
1030													
1031													

Figure 10–8 Établir un fichier de travail en collaboration avec l'IT permet de gagner du temps et des alliés lors de la migration des contenus.
Source : Yellowdolphins.com

Conseil

Déployez d'emblée l'ensemble de l'arborescence avec ses tags, si possible, pour permettre aux rédacteurs et intégrateurs de mailler les pages entre elles directement lors de l'intégration du contenu.

Refondre sans perte de référencement

Nous rencontrons régulièrement des personnes qui appréhendent de refondre leur site web car elles ne veulent pas perdre leur référencement acquis au fil des années.

Pas de panique ! Bien menée, une refonte ne pose pas de problème pour le référencement et il est tout à fait possible de garder la visibilité d'un site sur les moteurs de recherche après une migration.

Comment faire ?

À partir de la liste des URL du site existant et du nouveau, vous devrez élaborer un plan de migration afin de préserver le référencement du site.

La première étape est de reprendre votre fichier de travail qui liste toutes les URL de l'existant et qui met en scène la nouvelle architecture.

Complétez le fichier par les URL des derniers contenus qui ne sont pas repris dans votre fichier et qui ont été produits au cours des quelques semaines ou mois de chantier…

Pour faire des redirections de l'ancien vers le nouveau, plusieurs solutions s'offrent à vous :

- Rediriger chaque URL vers la nouvelle URL. C'est l'idéal, mais peut-être pas toujours ? Dans ce cas, c'est le tableur qui met en relation l'ancien et le nouveau, c'est magique.
- Rediriger des groupes d'URL vers les nouvelles catégories les plus proches. Si vos ressources sont limitées, ce sera sans doute la solution que vous choisirez. Identifiez au moins les pages populaires à plus fort trafic et redirigez-les vers les nouvelles pages les plus proches au niveau contenu. Pour le reste du site, procédez à des redirections vers les catégories équivalentes.
- Faire une redirection de toutes les anciennes URL vers la page d'accueil et basta. Je vous boude.

Évitez les redirections en cascade. Si vous en êtes à votre deuxième plan de migration, soyez vigilants : les moteurs n'aiment pas les redirections en série de type A pointe vers B qui pointe vers C… Faites en sorte que toutes vos URL pointent vers l'URL finale.

Illustrons nos propos avec deux plans de migration successifs : le plan de migration 1 et le plan de migration 2.

- Plan de migration 1 : l'URL A pointe vers l'URL B.
- Plan de migration 2 : l'URL B pointe vers l'URL C et l'URL A pointe désormais directement vers l'URL C.

Remarque

C'est ici qu'il est doublement important de s'assurer que la liste des URL du site avant refonte était exhaustive. Parfois, certains dossiers sont bloqués et ne sont pas crawlés. Consultez votre service IT pour récupérer la totalité des données.

Figure 10–9
Le robots.txt de ce site bloque le dossier images.
Source : Yellowdolphins.com

```
www        robots.txt

User-agent: *
Disallow: /administrator/
Disallow: /cache/
Disallow: /components/
Disallow: /images/
Disallow: /includes/
Disallow: /installation/
Disallow: /language/
Disallow: /libraries/
Disallow: /media/
Disallow: /modules/
Disallow: /plugins/
Disallow: /templates/
Disallow: /tmp/
Disallow: /xmlrpc/
```

Votre plan de migration est fin prêt ? Publiez-le sur le serveur test et vérifiez que vos redirections fonctionnent et mènent vers les bonnes pages.

Une fois le site en ligne, pour donner un petit coup de pouce à la migration, vous pouvez également publier un sitemap et soumettre son URL sur la Google Search Console pour aider les robots à indexer votre nouveau site.

Sachez que le jour M de la migration, vous pourrez la suivre en temps réel sur la Google Search Console. En cas de problème critique pour votre référencement, Google vous avertit et vous renseigne sur la nature du problème. Quelques indicateurs intéressants : les 404, URL valides, URL exclues, URL découvertes. Faites un tour du côté des Signaux Web Essentiels…

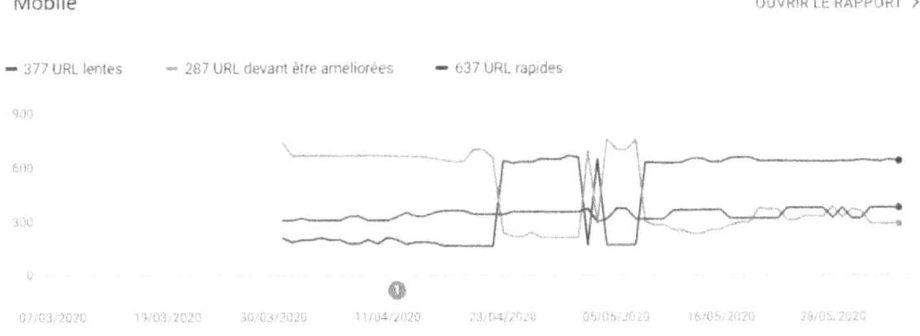

Figure 10–10
Les signaux web essentiels sur la Search Console, à suivre !
Source : https://search.google.com/

Suivez vos statistiques de trafic. Si vous ne trouvez aucune donnée, c'est peut-être que vous avez oublié d'intégrer les codes analytics dans les nouveaux templates. Ça n'arrive pas qu'aux autres… Suivez vos statistiques de trafic et placez des alertes, si possible, pour être prévenus en cas de baisse significative du trafic dans l'une ou l'autre zone du site.

Insérez des annotations dans votre outil de statistiques aux dates où vous effectuez les différentes étapes de la migration. Suivez également vos positions : une forte baisse ? Zoomez et corrigez !

Outil : Google Search Console

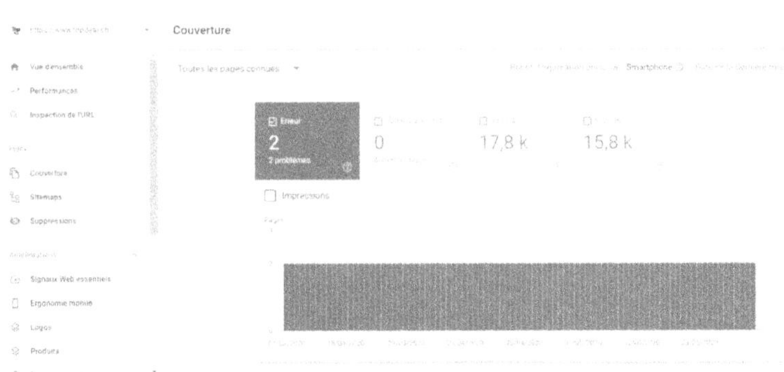

Figure 10–11
Google Search Console : un outil gratuit incontournable si vous voulez suivre votre site.
Source : https://search.google.com/

Une fois le site en ligne, contactez les webmasters des backlinks de bonne famille et de bonne réputation qui vous envoient un trafic qualifié (et que vous aurez préalablement identifiés). Demandez-leur amicalement de modifier leur lien en le faisant pointer vers la nouvelle page directement. Faute de temps, concentrez-vous uniquement sur certains backlinks qui vous apportent du trafic qualifié et sur les sites de notoriété : .edu, .gouv,…

Si vous avez suivi scrupuleusement toutes les étapes, vous ressentirez une joie sans précédent à la vue des belles courbes ascendantes d'URL crawlées, de trafic en hausse.

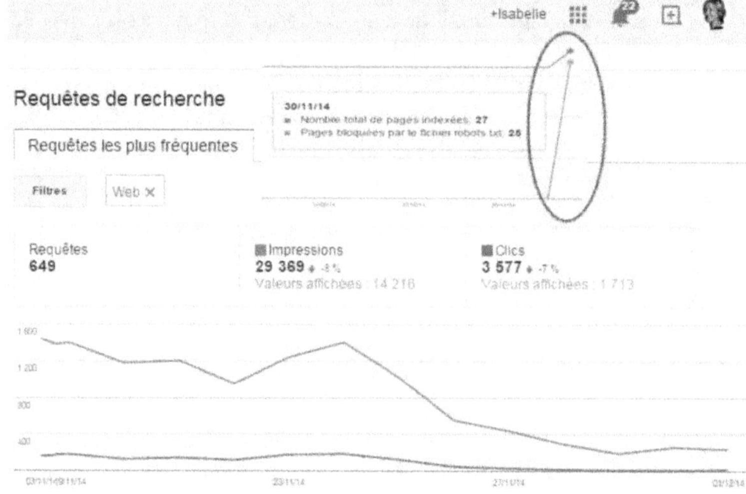

Figure 10–12
Exemple de montée en flèche du nombre des pages indexées suite à une migration
Source : Yellowdolphins.com

Votre trafic ressemble à un électrocardiogramme plat ? Avant même de sauter sur le défibrillateur, consultez votre code… peut-être avez-vous simplement oublié d'enlever le disallow après la mise en ligne du nouveau site.

Les jours après la publication, suivez la migration de près. Combien de pages du sitemap que vous lui avez soumis Google a-t-il déjà indexées ? Faites quelques sondages sur les pages de résultats.

Dans un premier temps, l'ancienne et la nouvelle URL cohabiteront… pas de panique, laissez le temps à Google de mettre à jour ses données.

Figure 10–13
Après la publication du nouveau site, l'ancien et le nouveau cohabitent pendant quelques semaines, c'est normal !
Source : Yellowdolphins.com

44 conseils pour bien écrire pour le web

Web Images Maps Plus Outils de recherche

Environ 206 000 résultats (0,47 secondes)

Checklist de 44 conseils pour bien écrire pour le Web - bonnes ...
60canards.com/.../articles/44-conseils-pour-bien-ecrire-pour-le-web.html
Une checklist de 44 conseils pour bien écrire pour le web. Bonnes pratiques de rédaction des titres, des chapôs, du texte et des liens dans vos articles en ligne.

Méthode d'écriture pour le web | Pearltrees
www.pearltrees.com › Fantasia1001 › REDACTEUR WEB
Référencement par Abondance - 20 conseils essentiels pour améliorer son référencement ... Rédaction web : 44 conseils pour bien écrire pour le Web. Rédiger ...

ma boîte - créer un site Web - rédiger pour le Web
maboite.qc.ca/site_web-rediger.php
Style d'écriture propre au Web et en partie proche de celui utilisé dans les .... À voir particulièrement : 44 conseils pour bien écrire pour le web. Stratégie de ...

44 conseils - pour bien écrire pour le web
www.redaction.be/exemples/print/p_44conseils.htm
De Jean-Marc Hardy - Dans 1 166 cercles Google+
44 conseils - pour bien écrire pour le web. Par Jean-Marc Hardy. L'impact du copywriting est fondamental dans l'environnement hypertexte que constitue ...

Avec un outil professionnel de référencement, vous pourrez suivre l'évolution des positions (avant/après refonte) sur les mots-clés qui sont stratégiques pour vous. C'est aussi une façon ludique de présenter les résultats au management.

Outil : SEMrush

Rien de tel qu'un bon outil d'analyses : SEMrush vous offre une palette de fonctionnalités essentielles pour suivre votre contenu, votre référencement, vos concurrents, vos campagnes payantes et votre performance sur les réseaux sociaux. Un investissement vite rentabilisé tant vous gagnez du temps dans vos analyses et dans le suivi de votre site.

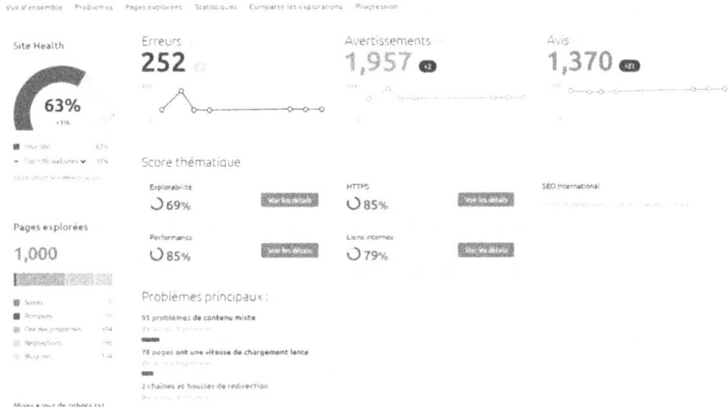

Figure 10–14
La fonctionnalité Audit de site de SEMrush liste les erreurs et propose des améliorations.
Source : https://fr.semrush.com/

SEMrush permet de dresser la liste des backlinks, c'est-à-dire des liens externes qui pointent vers votre site. Un bon point de départ pour demander aux webmasters de faire pointer leur lien directement vers la nouvelle page de votre site suite à la migration.

Les fonctionnalités de recherche de mots clés permettront quant à elles d'affiner les libellés de votre site en utilisant des termes que les internautes utilisent ou de chercher des questions à traiter au sein de vos rubriques en réponse à leurs questionnements.

Le document de gouvernance

Le document de gouvernance vise à accompagner les gestionnaires de contenu dans leur travail d'écriture ou de réécriture. Il vise également à préserver, dans la durée, la nouvelle architecture d'information mise en place.

Voici quelques exemples de sections à aborder :

- les grands principes de l'architecture qui ont été retenus ;
- les règles à suivre pour préserver l'architecture ;
- une liste de ressources pour le rédacteur ;
- une bibliothèque d'éléments réutilisables ;

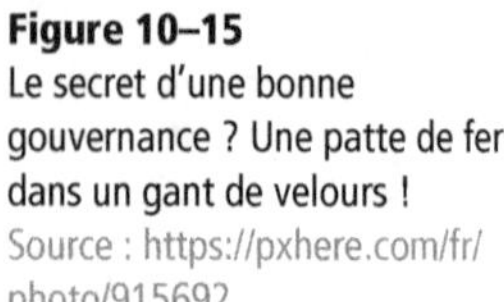

Figure 10–15
Le secret d'une bonne gouvernance ? Une patte de fer dans un gant de velours !
Source : https://pxhere.com/fr/photo/915692

- la liste des livrables liés à l'architecture : plans de site, mockups, maquettes, liste des métadonnées, modèles et inventaires de contenus, etc. ;
- des conseils de rédaction pour les différents types de pages ;
- une checklist du rédacteur ;
- la matrice éditoriale avec la vision macroscopique de l'offre éditoriale du site ;
- les acteurs-clés de l'architecture et de la gestion éditoriale du site ;
- les workflows de production, validation, traduction, intégration, etc. ;
- le calendrier des publications : rythme, rubriques, diffusion multicanale ;
- la collecte des sujets ou contenus alimentant l'architecture ;
- les indicateurs à suivre, etc.

Les grands principes de l'architecture retenus

Synthétisez les leçons apprises et les décisions prises lors de la phase d'analyse, de stratégie et de design. Elles sont les lignes de force qui soutiennent l'architecture.

Elles permettront de définir les priorités face à tout type de questions, de guider le design et la maintenance de l'architecture, ou encore de prendre des décisions éclairées face aux changements que traversera sans doute le site tout au long de son existence.

Voici une liste-type des x critères de succès de la nouvelle architecture :

- **Une approche orientée utilisateurs :** cela réfutera le projet d'un libellé d'étiquette orienté vers l'entreprise ou l'institution plutôt que vers les utilisateurs, ou celui si courant de glisser les photos des pouvoirs autoritaires en page d'accueil.
- **Une navigation globale par thèmes :** cela mettra fin au projet d'insérer une entrée pour une cible spécifique dans la navigation globale du site.
- **Une navigation enrichie par des icônes :** outre donner une ligne graphique claire, cela permettra de prévoir un budget pour la production d'icônes.

- **Une feuille de styles détaillée** pour l'organisation du contenu sur les pages : imposer gentiment des styles pour les titres, les encadrés, les liens, etc., permet de mieux organiser et hiérarchiser le contenu et d'assurer une homogénéité. Un « non » s'imposera de facto par la contrainte technologique face à une envie soudaine de mettre un titre en gros et en rouge coquelicot.

Figure 10–16
Prévoyez une feuille de styles enrichie avec les préconisations en matière d'utilisation d'éléments de contenu tels que les encadrés, liens, boutons, etc. Expliquez-en l'utilisation au sein du document de gouvernance.
Source : Yellowdolphins.com

Des règles à suivre pour préserver l'architecture

Vous reprendrez les grands principes à respecter pour consolider et préserver l'architecture d'information mise en place. En parallèle, vous expliquerez comment la mettre à jour.

Cette section listera les règles permettant de modifier et de mettre à jour le site :

- **Capitaliser sur l'existant :** avant de créer une nouvelle entrée, d'abord s'assurer qu'une page n'existe pas, qui puisse être enrichie ou mise à jour.
- **Privilégier la logique utilisateur :** une nouvelle rubrique ou un service qui ne sert pas directement l'utilisateur n'a pas sa place sur le site.
- **Limiter le nombre de thèmes :** l'architecture repose sur un maximum de 8 à 10 thématiques fixées, qui couvrent l'ensemble des sujets. Ne créez pas de thèmes supplémentaires au risque de fragiliser l'efficacité du système d'information.
- **Limiter le nombre de sous-thèmes :** un nombre maximum de 10 sous-thématiques, fixées, couvre l'ensemble des besoins des utilisateurs. En gardant ce nombre, l'ensemble de l'offre tient au-dessus de la ligne de flottaison et évite à l'utilisateur de jouer de l'ascenseur.

- **Le classement par ordre de priorité :** les thèmes et les sous-thèmes seront classés par ordre de popularité, en commençant par les plus populaires.
- **Éviter les doublons :** les contenus ne seront pas dupliqués à différents endroits. En cas d'ambiguïté d'un terme, soit l'élément est renommé pour lever l'ambiguïté, soit une passerelle est créée en faisant un lien vers le contenu canonique.
- **Limiter les droits :** le droit de créer ou de modifier une rubrique ou une sous-rubrique au sein de l'architecture est réservé au webmaster. Toute demande doit être argumentée et débattue lors du comité de validation.
- **Veiller à ajouter systématiquement des métadonnées** pour que le nouveau contenu soit intégré par le moteur de recherche.
- **La liste des métadonnées :** seul le webmaster éditorial a le droit de modifier la liste des métadonnées. Toute modification de la liste doit être adaptée dans les autres versions linguistiques. La liste des métadonnées est systématiquement transmise à l'IT qui répercutera les changements dans le back office.
- **L'amélioration continue :** aucune architecture n'est parfaite ! Chaque trimestre, une analyse des logs du moteur de recherche et des statistiques permettra d'identifier les problèmes et de les corriger.

Aidez-vous et les utilisateurs vous aideront

Et si l'amélioration de votre site devenait participative ?
Le formulaire très court en bas de chaque page est une excellente façon de récolter les avis des utilisateurs, mais surtout de leur permettre de remonter une information erronée, incomplète, un problème informatique, etc.

Did you find what you were looking for? No
What were you looking for? *(optional)*
Tell us more *(optional)*
Cancel Send

Figure 10–17 Le feedback en bas de chaque page de contenu permet de laisser un commentaire de manière anonyme.
Source : Yellowdolphins.com

Récoltez tous les commentaires au sein d'un tableur en veillant à stocker l'URL de la page et le message laissé par l'utilisateur. Mettez en place un processus de suivi pour l'équipe éditoriale.

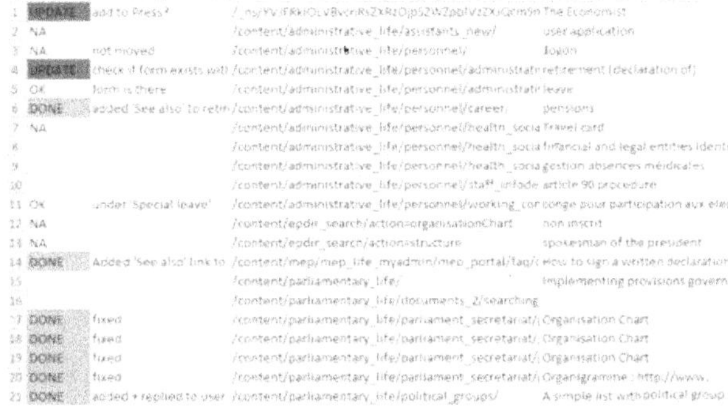

	A	B	C	
1	UPDATE	add to Press?	/_ns/YV[illegible]	The Economist
2	NA		/content/administrative_life/assistants_new/	user application
3	NA	not moved	/content/administrative_life/personnel/	logon
4	UPDATE	check if form exists wit	/content/administrative_life/personnel/administrati	retirement (declaration of)
5	OK	form is there	/content/administrative_life/personnel/administrati	leave
6	DONE	added 'See also' to retir	/content/administrative_life/personnel/career/	pensions
7	NA		/content/administrative_life/personnel/health_socia	travel card
8			/content/administrative_life/personnel/health_socia	financial and legal entities identi
9			/content/administrative_life/personnel/health_socia	gestion absences médicales
10			/content/administrative_life/personnel/staff_infode	article 90 procedure
11	OK	under 'Special leave'	/content/administrative_life/personnel/working_cor	congé pour participation aux élec
12	NA		/content/epdir_search/action=organisationChart	non inscrit
13	NA		/content/epdir_search/action=structure	spokesman of the president
14	DONE	Added 'See also' link to	/content/mep/mep_life_myadmin/mep_portal/faq/	How to sign a written declaration
15			/content/parliamentary_life/	implementing provisions govern
16			/content/parliamentary_life/documents_2/searching	
17	DONE	fixed	/content/parliamentary_life/parliament_secretariat/	Organisation Chart
18	DONE	fixed	/content/parliamentary_life/parliament_secretariat/	Organisation Chart
19	DONE	fixed	/content/parliamentary_life/parliament_secretariat/	Organisation Chart
20	DONE	fixed	/content/parliamentary_life/parliament_secretariat/	Organigramme : http://www.
21	DONE	added + replied to user	/content/parliamentary_life/political_groups/	A simple list with political group

Figure 10–18
Le fichier de suivi des commentaires laissés par les utilisateurs
Source : Yellowdolphins.com

Des conseils pour les différents types de pages

Sous cette section, pour chaque gabarit, vous pouvez reprendre une liste de recommandations propre à chaque zone d'écriture impactant l'organisation du contenu. Prenons quelques exemples.

L'exemple de la page d'accueil d'un intranet

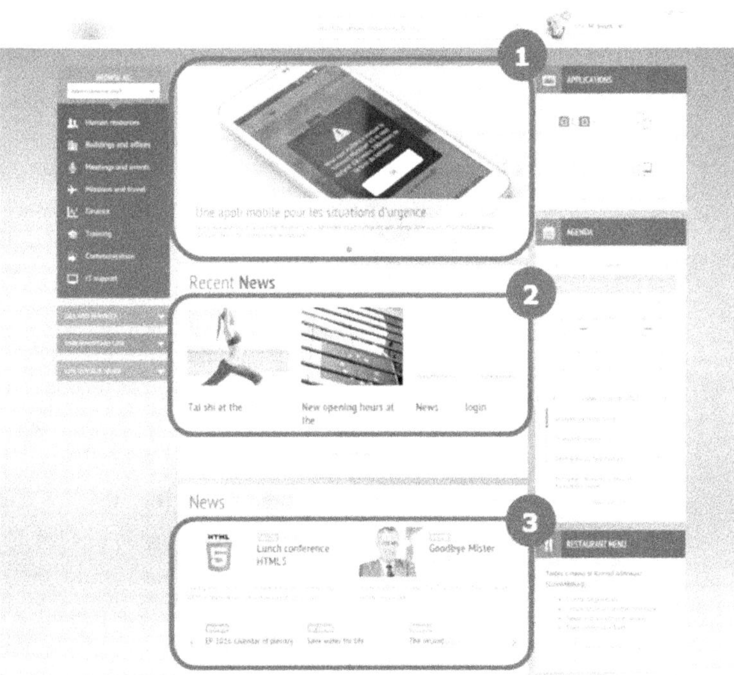

Figure 10–19
Chaque élément éditable est épinglé et accompagné de recommandations au niveau UX, éditorial, graphique, etc.
Source : Yellowdolphins.com

Voici, à titre d'exemple, nos recommandations pour cette page d'accueil :

❶ **Le carrousel :** cet élément de la page d'accueil a pour but de mettre en avant un sujet important, lié ou non à l'actualité.

- Le choix du visuel : optez pour une image informative plutôt que décorative. Évitez les photographies issues de banques d'images, les photos ressenties comme trop « flashy », trop clichées ou qui manquent d'authenticité. Privilégiez les gros plans aux plans larges.
- Le nombre de sujets à afficher dans le carrousel : ne dépassez par les 3 à 5 sujets. En dessous de 3 sujets, le carrousel n'est pas justifié. Au-delà de 5 sujets, la communication se disperse et certains sujets sont sous-exposés.
- Le rythme d'actualisation du carrousel : nous conseillons de modifier un contenu au moins une fois par semaine, afin de continuer à attirer l'attention sur cette zone. En revanche, il n'est pas nécessaire de modifier le carrousel tous les jours.
- Le texte du carrousel est important : donnez à cet espace une dimension informative, et non gratuite. Nous conseillons un titre qui puisse s'afficher sur une seule ligne, mais détaillé et précis, entre 5 et 12 mots. Le sous-titre sera affiché idéalement sur deux lignes. Il doit être complémentaire au titre, c'est-à-dire apporter plus de détails sans être redondant.

❷ **Les actualités :** elles complètent le carrousel, sous un format plus classique.

La ligne éditoriale du carrousel et des actualités devrait être absolument centrée sur le travail. Les sujets abordés peuvent être liés à l'actualité, mais pas obligatoirement. Il est tout à fait envisageable de trouver un prétexte pour valoriser un contenu froid. Par exemple : « L'annuaire vient d'enregistrer son 10 000e utilisateur. »

Certaines actualités externes peuvent, de manière très sélective, être reprises dans l'intranet, à condition d'être abordées sous l'angle interne. Par exemple : « Manifestation des agriculteurs ce lundi 1er avril – L'accès en voiture à la rue des Cheminots sera difficile entre 14 h et 17 h. ».

Les titres des actualités doivent être courts (plus courts que le titre du carrousel). Ils doivent tenir en deux lignes maximum, et une seule de préférence. L'écriture se rapproche du style BBC News, mais la ligne éditoriale concerne le travail.

Concernant le choix des visuels, dans cet exemple :

- La photographie choisie pour le « Tai Chi » n'est pas représentative. Si possible, vous prendrez une photo plus authentique, dans vos locaux.
- La photographie du drapeau européen est un peu clichée. Si possible, vous la remplacerez par l'infographie de la nouvelle grille horaire.

❸ **Les actualités des départements :** il s'agit d'un flux éditorial provenant des différents départements.

Deux possibilités s'offrent à vous :

- **Un flux automatique.** Avantage : il demande moins d'effort éditorial. Inconvénients : il implique la mise en place de flux RSS ou d'autres techniques d'exportation automatique du contenu ; il est souvent sujet à un déséquilibre éditorial si certains départements se montrent beaucoup plus actifs ou au contraire beaucoup moins actifs que d'autres.

- **Une sélection éditoriale.** Dans ce cas, la remontée d'information des départements est le résultat d'une sélection éditoriale. En quelque sorte, l'équipe de communication de l'intranet effectue une revue de presse interne des actualités présentes sur les différents départements. Avantage : une meilleure maîtrise de l'équilibre, de la cohérence et de la qualité éditoriale. Inconvénient : un travail quasi quotidien et des grincements d'egos en vue.

L'exemple des pages de navigation

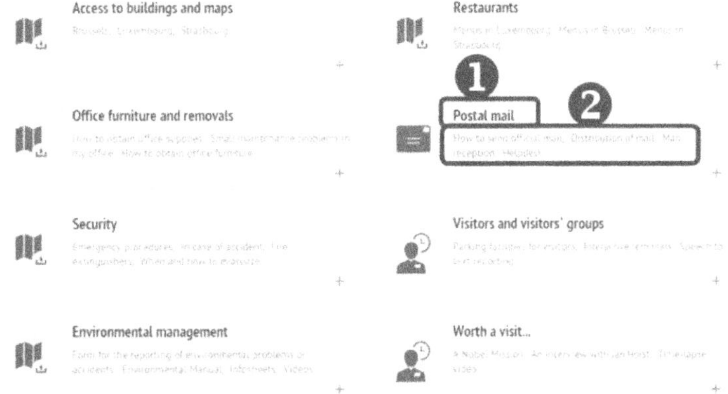

Figure 10–20
Sous-thèmes et liens générés automatiquement font l'objet de recommandations au niveau UX et éditorial.
Source : Yellowdolphins.com

Voici, à titre d'exemple, nos recommandations pour cette page d'accueil de navigation :

❶ **Les libellés des sous-thèmes :** il s'agit de sous-thématiques au sein des thématiques principales. Nous recommandons des libellés qui tiennent sur une ligne maximum. Ils ont été définis par les architectes d'information. En cas de modification ou d'ajout d'un libellé, nous recommandons de rédiger des libellés concrets, explicites, révélateurs du thème abordé, complémentaires et bien différenciés des autres libellés. Idéalement, vous interrogerez quelques utilisateurs externes pour vérifier la clarté du libellé. Vous éviterez les termes trop génériques (comme *Documentation* ou *Services supplémentaires*).

❷ **Les liens directs :** il s'agit de liens directs vers les pages les plus importantes au sein d'un sous-thème. Ils sont affichés sur deux lignes maximum.

Le webmaster sélectionnera avec soin, dans le CMS, les pages qui sont affichées sous la forme de liens directs. Cette sélection se fera de préférence dans une perspective utilisateur, à savoir les pages statistiquement les plus visitées ou les plus demandées dans le moteur de recherche interne. Dans une moindre mesure, les liens directs pourront refléter des priorités de communication.

Les libellés des liens directs correspondent automatiquement aux titres des pages, mais le webmaster peut les modifier. Ce point est très important, en effet nous encourageons à raccourcir au maximum les libellés, afin de pouvoir en afficher davantage.

Par exemple « Form for the reporting of environmental problems or accidents » pourra devenir « Reporting environmental problems ». Ce qui libérera de la place pour d'autres liens directs.

Dans le cas particulier où un sous-thème ne contient qu'une page, les liens directs seront remplacés par une description de la page en question, qui pourra être affichée sur deux lignes maximum.

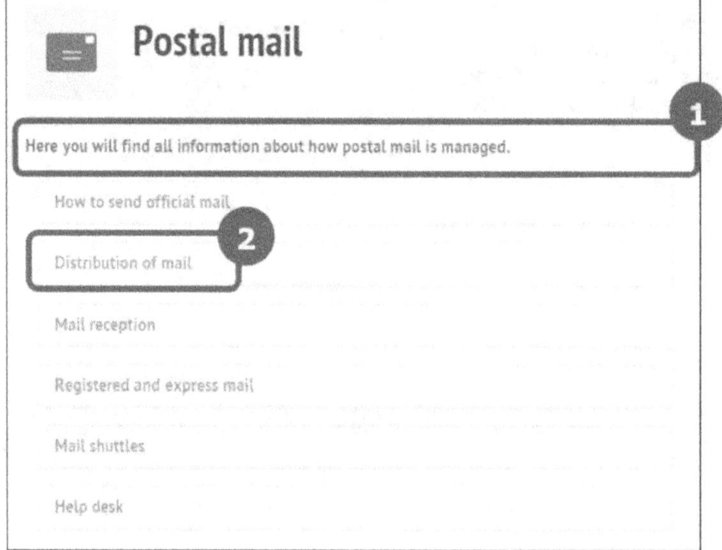

Figure 10–21
Des règles de gouvernance encadrent la rédaction d'une introduction ou d'un libellé de sous-catégorie.
Source : Yellowdolphins.com

Voici, à titre d'exemple, nos recommandations pour cette page de sous-thèmes :

❶ **L'introduction du sous-thème :** l'introduction vise à adoucir la navigation, en évitant de présenter directement une liste brute de liens aux visiteurs. Elle sera cependant très courte. Une ligne peut même suffire comme dans cet exemple. Dans certains cas, le sujet nécessitera davantage de contexte de sorte que l'introduction pourra prendre la forme d'un chapô de 30 à 50 mots. Concentrez-vous toutefois sur une mise en contexte factuelle, en aucun cas trop littéraire, trop ampoulée ou trop protocolaire. L'intranet est un espace d'information qui exige de la sobriété.

❷ **Les titres des pages :** ils sont repris automatiquement. Le webmaster éditorial pourra se permettre de retoucher les titres de certaines pages intérieures afin d'assurer la cohérence du sommaire :

- au niveau de la forme (éviter notamment la cohabitation de titres très courts avec des titres très longs) ;
- au niveau syntaxique (éviter des titres avec un article et d'autres sans article, ou bien choisir d'utiliser systématiquement des verbes d'action).

L'exemple des pages de contenu

Vous argumentez chaque microcontenu susceptible de soulever des questions ou qui nécessite une explication au niveau de la forme, du fond, du workflow.

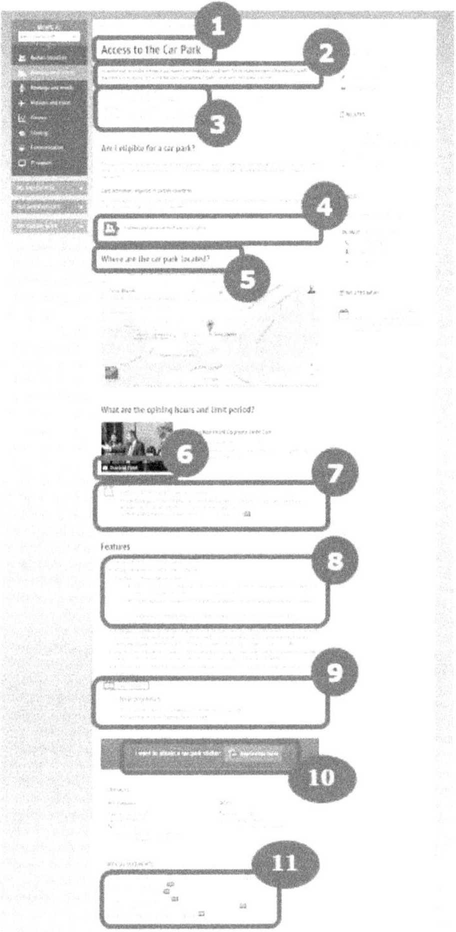

Figure 10–22
Chaque micro-contenu au sein d'une page de contenu est encadré par des règles de gouvernance.
Source : Yellowdolphins.com

Par exemple, ici :

① **Le titre :** il doit être informatif, précis et tenir sur une ligne.

② **Le chapô :** il doit brièvement résumer le contenu de la page.

③ **Le sommaire :** il est généré automatiquement dès qu'il y a plus de 3 sous-titres.

④ **Les encadrés** Audience **:** ils attirent l'attention sur des informations spécifiques à une ou plusieurs audiences. Une manière de communiquer clairement sur les profils exclus ou éligibles à l'un ou l'autre service, ou bien concernés par une obligation spécifique.

⑤ **Les sous-titres :** ils permettent de structurer la page et générer automatiquement un sommaire. Ils doivent être cohérents et complémentaires les uns par rapport aux autres.

⑥ **Les légendes** : elles donnent du sens à l'image. Longueur idéale : 10 à 20 mots. Mentionnez obligatoirement le copyright.

⑦ **Les encadrés** *Important* : ils permettent de mettre en exergue des informations importantes, des points d'attention ou des risques à éviter. Ils peuvent être utilisés en bas de page ou en haut de page.

⑧ **Le corps de texte** : il doit être informatif, utile, dense, accessible. Plus de détails plus loin.

⑨ **Les encadrés** *Actualité* : ils permettent de mettre en avant une modification récente ou une situation liée à l'actualité. Ils peuvent être utilisés en haut de page ou en bas de page selon l'importance que l'on veut leur donner.

⑩ **Les boutons d'appels à l'action** : ils invitent à réaliser des actions concrètes, comme le téléchargement d'un document (voir plus loin pour plus de détails).

⑪ **Les liens vers des ressources** : ils doivent être fidèles aux titres des documents concernés, mais pas à 100 %. Dans certains cas, lorsque le rédacteur juge le titre d'un document ou d'un service trop long ou opaque, il peut décider d'en alléger la référence. Des pictos obligatoires sont disponibles dans le CMS pour renseigner systématiquement les formats des documents (Word, Excel, etc.).

Une checklist du rédacteur

Tout ce qui peut faciliter la bonne gouvernance du site par les intervenants est le bienvenu. Vous pouvez par exemple rédiger une fiche mémo des actions à effectuer autour de la rédaction d'un contenu. Un modèle qui peut grandement vous aider et que vous adapterez.

Avant la rédaction

Vérifier si l'information n'existe pas déjà

Pour éviter la création de contenus redondants sur l'intranet, effectuez une recherche par mots-clés, ainsi qu'une exploration suffisante pour vous assurer que le contenu que vous vous apprêtez à rédiger n'est pas déjà traité dans un des recoins de l'intranet.

Si nécessaire, interrogez les personnes en charge de la matière ou le webmaster qui possède une connaissance transversale de l'intranet.

Convenir de l'emplacement de la page dans l'architecture

Il est exclu que chaque rédacteur ait la liberté de créer de nouvelles pages à l'envi. Pour maintenir l'intégrité de l'architecture de l'intranet, nous recommandons que toute page soit rédigée en concertation avec le webmaster éditorial, qui décide de son emplacement.

Identifier les variations en fonction de l'audience

Le rédacteur doit systématiquement se poser la question suivante : la matière traitée est-elle valable pour chaque profil d'utilisateur ?

Une même page pourra exister en plusieurs versions « personnalisées » dans le cas où l'information varie du tout au tout en fonction de l'audience (par exemple, les barèmes de frais de déplacement). Dans un tel cas, activez l'option Audience afin de créer des variantes de contenu en fonction du profil.

Dans le cas où la variation est minime, nous invitons à la traiter au sein même du contenu, de préférence sous la forme d'un encadré Audience tel que prévu dans le système de gestion de contenu. Vous spécifierez les contraintes, spécificités ou restrictions par audience, par exemple : « Les stagiaires n'ont pas accès à ce service ».

Remplir la métadonnée Description

Le rédacteur décrira le contenu de la page, de manière très informative, avec des mots dans un langage simple et naturel.

La balise `Description` contiendra de 100 à 250 caractères. Elle pourra être utilisée dans l'algorithme du moteur de recherche interne ainsi qu'affichée dans les résultats de recherche, comme un résumé de la page etc.

Pendant la rédaction

Rédiger le corps de l'article

Utilisez les paragraphes pour découper vos idées ; les gros pavés de texte sont très indigestes à la lecture à l'écran.

Veillez à ce que le volume de contenu textuel de la page soit suffisamment important pour justifier son existence : 100 mots est un seuil minimal dans la majorité des cas.

N'abusez pas des mots en gras ; les intertitres et les encadrés donnent déjà un relief suffisant à la page, la plupart du temps.

Pensez aux listes à puces et à numéros qui peuvent faciliter la lecture.

Rédigez des phrases courtes (pas plus de 30 mots en règle générale).

Adoptez des tournures simples et un vocabulaire accessible aux utilisateurs de l'intranet. Expliquez les termes techniques et les acronymes, le cas échéant.

Rédiger le chapô

Le chapô résume le contenu de la page. C'est pourquoi il est plus naturel de l'écrire, ou en tout cas l'affiner, après avoir rédigé le corps de texte.

La taille du chapô doit être proportionnée au texte. Une page très courte (± 100 mots) ne nécessite pas de chapô. Une page longue (± 500 mots) gagnera à être amorcée par un chapô de 30 à 50 mots. Une page mi-longue (± 200 mots) pourra être introduite par un mini chapô de 2 lignes (± 20 mots).

Le chapô ressort en caractères gras. Nous recommandons de le traiter en un bloc (sans sauts de paragraphe).

Rédigez en allant droit au but. Évitez les introductions protocolaires.

Parfaire le titre

Le titre d'une page intranet doit être informatif beaucoup plus qu'accrocheur. Il doit révéler le contenu de la page.

Le titre devra tenir sur une seule ligne. La longueur idéale est de 4 à 10 mots. Éliminez les adjectifs, prépositions et adverbes non indispensables.

Les mots-clés de votre titre sont une bonne nourriture pour le moteur de recherche interne. Plutôt que de titrer « Une info qui peut sauver une vie », vous titrerez « Plan d'évacuation des bâtiments ». Personne ne cherche « sauver une vie », même si c'est important ; les gens cherchent le plan d'évacuation des bâtiments.

Évitez les titres trop courts et trop génériques, du genre « Législation » ou « Documentation ».

Organiser le maillage interne et externe

Rédigez des liens explicites donnant une idée précise de ce vers quoi ils mènent. Évitez les liens du genre *Cliquez ici* ou *Plus d'info*. Préférez les liens ciblés aux liens trop génériques. Vous rendrez service aux utilisateurs.

Privilégiez les liens de 3 à 6 mots : ni trop courts (ce qui les rend peu visibles ou peu explicites), ni trop longs (ce qui empêche leur compréhension immédiate). N'hésitez pas à placer le lien sur plusieurs mots, mais jamais sur un paragraphe entier.

Regroupez les liens au bas des articles plutôt que de les intégrer au corps même du texte, car ils constituent une distraction et une incitation à la digression. Utilisez les encadrés prévus à ce propos dans le CMS : liens *Legal references*, *Contacts*, *Related documents*, etc.

Ajouter des visuels informatifs

Privilégiez les images à caractère informatif. Une infographie, un schéma, une photographie prise en situation réelle valent cent fois mieux qu'un visuel issu d'une banque d'images standard dont la fonction est uniquement décorative.

Prévoyez une légende concise qui donne du sens à l'image, chaque fois que c'est possible. Le taux d'attention sur l'image en sera renforcé.

Associez un texte alternatif à vos images. Il s'agit d'un équivalent textuel, descriptif et concis. Nous vous conseillons de ne pas dépasser 250 caractères. Le texte alternatif améliore l'accessibilité de votre site web, notamment pour les personnes mal voyantes.

Utiliser les encadrés sans exagération

Différents types d'encadrés sont à votre disposition dans le CMS, afin de mettre en exergue différents types d'information :

- les nouveautés ou informations temporaires ;
- les informations à destination d'audiences spécifiques ;
- les informations importantes.

Évitez d'exagérer avec les mots en gras. Mieux vaut utiliser les encadrés et les sous-titres pour structurer la page.

Les encadrés ont pour but de distinguer du corps de texte certaines informations spécifiques. Vous les utiliserez lorsque c'est vraiment justifié. La page ne doit pas être un empilement d'encadrés, etc.

Après la rédaction

Valider les différents aspects de la qualité

Le contrôle de qualité portera sur les aspects suivants :

- la qualité orthographique et grammaticale ;
- l'exactitude des données mentionnées ;
- le respect du cadre juridique ;
- la qualité de la structure du texte ;
- la qualité de mise en page de l'information.

La validation de ces différents aspects pourra être confiée à des personnes différentes, mais sans alourdir exagérément le processus.

Traduire le contenu

Adopter un langage naturel, informatif, sans effet de style reste la meilleure manière de faciliter les traductions et l'équivalence des versions linguistiques.

Vous éviterez les expressions idiomatiques, difficiles à traduire. Facilitez une traduction fidèle et littérale. Par exemple, ne dites pas « couper les cheveux en quatre », mais « compliquer les choses exagérément ».

La qualité du contenu, telle qu'évoquée au point précédent, doit être vérifiée pour chaque version linguistique.

En cas de modification du contenu d'une page, pensez à répercuter la modification dans les autres versions linguistiques.

Organiser l'actualisation de l'information

Vous corrigerez :

- une information qui ne fonctionne plus (ex : un lien brisé) ;
- une information incorrecte (ex : un chiffre dépassé) ;
- une information terminée (ex : un événement qui a déjà eu lieu) ;
- une information qui n'est plus une priorité et ne mérite plus la même emphase ;
- une information qui sonne vieillotte (ex : un mot de vocabulaire qui a évolué).

Vous améliorerez la page au fil du temps. etc.

Une liste de bibliothèque d'éléments réutilisables

Une liste de bibliothèque regroupe et documente tous les objets réutilisables du design du site, par exemple les encarts pour les liens associés, les boutons de téléchargement, les éléments navigables du moteur de recherche, etc.

Les workflows éditoriaux

Vous pouvez également reprendre les différents workflows de gestion de contenu pour formaliser :

- la création d'une page, d'un élément graphique, d'une rubrique, d'une sous-rubrique, etc.
- la validation d'un contenu textuel, d'un élément graphique ou de tout autre élément impactant l'organisation du contenu du site.
- la traduction d'un contenu ou de tout autre élément d'interface, etc.
- la gestion du contenu : suppression, archivage, mise à jour, redirection, valorisation, publication, dépublication, etc.

Les annexes

Le document de gouvernance peut également reprendre la liste des livrables liés à l'architecture : plans de site, mockups, maquettes, gabarits éditoriaux, liste des métadonnées, modèles et inventaires de contenus, etc.

La mise à jour de la charte éditoriale

Avec la refonte d'un site, c'est tout le volet éditorial qui est chamboulé. Nouveaux gabarits éditoriaux, nouvelle ligne éditoriale, nouvelles pratiques, workflow différent, souvent, etc. L'idéal est donc de mettre à jour la charte éditoriale si elle existe ou d'en rédiger une à l'occasion de ce beau et grand nouveau départ.

La meilleure charte est celle qui répondra à votre problématique. Inutile de la bourrer de sections « qu'on trouve en général dans une charte », mais qui ne sont pas pertinentes pour votre site et qui ne seront d'aucune utilité sur le terrain.

Voici quatre grandes sections à aborder :

- La stratégie éditoriale : pour qui, pourquoi et dans quel but communiquer ? Quelle est la cible ? Comment se positonne le site ? Quelles sont les rubriques du site ? etc.
- Le guide de style : les bonnes pratiques en matière de rédaction, référencement, accessibilité, le style et la tonalité du site, de chaque rubrique, sur les réseaux, les conventions, les gabarits éditoriaux, l'optimisation du référencement, l'utilisation des images, des vidéos, des icônes, etc.
- Les précautions éditoriales : les droits d'auteur, les contenus sensibles, la communication de crise, les règles de nommage, etc.

- Le workflow : de production, traduction, publication, de contrôle qualité, de validation, d'actualisation, etc.

Vous y ajouterez également des consignes à suivre pour le CMS : le choix et les usages des gabarits, l'utilisation des tags, le remplissage des métadonnées, les règles de nommage des fichiers, la localisation des fichiers, etc.

Créez votre charte éditoriale de A à Z

Ce module e-learning vous apprend à formaliser votre stratégie éditoriale, à concevoir pas à pas votre guide de style, à intégrer les points sensibles comme les droits d'auteur, les informations à ne pas partager, le kit de communication en cas de crise, etc., sans oublier les différents workflows pour une bonne gouvernance éditoriale.

Figure 10–23 Un module e-learning pour créer sa charte éditoriale pas à pas
Source : https://formation.yellowdolphins.com/pages/courses

À vous ! Gérez le chantier éditorial et rédigez votre document de gouvernance

Questions	Actions	Échéances
Le chantier éditorial et la gouvernance		
• Ai-je budgétisé la gestion de contenu ?		
• Quelle masse de contenu faut-il produire ?		
• Ai-je la documentation sous la main ?		
• Quelles sont les règles à respecter ?		
• Quels contenus doivent être réécrits ?		
• Qui va produire les infographies ?		
• Qui va intégrer les contenus ?		
• Quid de la migration ?		
• Et le référencement ?		
•		

En guise de conclusion

« L'essentiel est invisible pour les yeux », disait Saint-Exupéry. Naturellement, il parlait sur un autre registre, mais sa pensée s'applique à la construction des sites web. L'architecture d'information est un métier qui impacte les fondations d'un site web, mais c'est un métier invisible. Autour de la table des projets web, on accorde beaucoup d'importance et beaucoup d'émotion aux interfaces graphiques ou aux choix technologiques. Les inventaires de contenus et les sitemaps (surtout quand ils sont gros et qu'on en a vraiment besoin) ne soulèvent pas la passion, et rarement de grandes discussions. Pourtant, tout démontre que la qualité de l'échafaudage d'un site web va impacter tout autant les visiteurs, le référencement, les bénéfices et les coûts liés à ce site web.

L'architecture d'information est un métier pratiqué sans le savoir, souvent avec beaucoup d'inconscience, souvent aussi avec du bon sens, mais dans l'improvisation. Or, vous aurez observé à travers cet ouvrage combien l'architecture d'information peut être pratiquée avec rigueur. Vous aurez remarqué que le choix du nom d'une rubrique, à lui seul, peut considérablement influencer l'expérience des utilisateurs et affecter les moteurs de recherche. Et vous aurez découvert qu'il existe des techniques de conception, mais aussi de tests utilisateurs, complètement spécialisées dans tout ce qui touche à l'architecture de l'information. Après 20 ans d'Internet, l'équivalent d'une génération humaine, il est temps, ne pensez-vous pas, d'adopter des approches plus matures, plus solides et plus scientifiques. Une multinationale ou une institution publique peut-elle, encore aujourd'hui, se permettre de venir avec un plan du site griffonné sur un bout de papier par une personne de bonne volonté ?

À l'échelle de la société de l'information, le web (global, mais aussi peut-être celui de votre entreprise) est précisément comme un enfant qui aurait grandi, grandi, grandi. Un enfant qu'on aurait gavé, chaque jour, et qui aurait grossi, grossi, grossi. Le web est un jeune homme qui approche de ses 25 ans aujourd'hui et qui a besoin d'un régime amaigrissant. L'accumulation de l'information ne peut plus continuer à ce rythme. Nous devons prendre conscience que, chaque fois que nous ajoutons une information à cet écosystème, celui-ci devient un peu plus complexe. Chercher une aiguille dans une botte de foin n'est pas une mince affaire. L'architecture d'information apporte tous les bénéfices d'une cure diététique : moins d'information, mieux organisée.

Toute cette énergie dépensée à stocker de l'information inutile coûte très cher aux entreprises et à la planète : que ce soit sur le plan de la gouvernance, de la gestion des frustrations utilisateurs, ou des serveurs informatiques. Le coût est élevé également sur le plan écologique, à l'heure où l'on commence à prendre conscience qu'un ordinateur impacte le réchauffement climatique au même titre que les avions et les voitures. Les sociétés qui investissent dans l'écologie digitale font un geste salutaire pour notre environnement. Et le métier d'architecte de l'information peut considérablement faciliter cette démarche.

Nous sommes heureux que vous ayez atteint la fin de cet ouvrage, car c'est bien le signe, quelle que soit votre fonction, que vous faites partie des gens qui pourront participer à l'évangélisation des bonnes pratiques d'architecture d'information au sein des entreprises. Vous êtes, dès lors, les ambassadeurs d'un web meilleur.

À propos de l'auteure

Isabelle Canivet est arrivée dans le web il y a plus de vingt ans.

Elle est experte en architecture d'information, en stratégie éditoriale et en référencement naturel, après avoir fait ses armes en agence en tant que cheffe de projet web. Sa force : la vision transversale du projet web.

Isabelle a pour passion de maîtriser des refontes de plusieurs milliers de pages. Un peu comme jongler avec six quilles en feu ;-)

Avec Jean-Marc Hardy, son époux, Isabelle est co-fondatrice de Yellow Dolphins SA. En qualité de consultants (et en dauphins), ils accompagnent les institutions et les entreprises dans leurs projets de refonte de site web et d'intranet.

En tant que coaches certifiés, ils accueillent et motivent les équipes du web pour les faire passer à la vitesse supérieure dans leur vie professionnelle et personnelle.

Dans la vraie vie, Isabelle est maman de deux grands ados magnifiques, d'une petite chienne recueillie au détour d'une oliveraie, et également belle-moche-mère de deux jeunes adultes dans le cadre de la famille agrandie. C'est une randonneuse amoureuse de la nature, grande consommatrice de sens et passionnée par l'écriture de livres.

Déjà parus

Bien rédiger pour le Web. Stratégie de contenu pour améliorer son référencement naturel, 4e édition, Eyrolles, 2017

Référencement mobile. Webanalytics & stratégie de contenu, Eyrolles, 2013

La stratégie de contenu en pratique. 30 outils passés au crible, Eyrolles, 2012 (co-écrit avec Jean-Marc Hardy)

Vous avez une question ?

Envoyez-moi un mail à contact@yellowdolphins.com et je serai heureuse de vous répondre !

Notre site de dauphins regorge de dossiers de fonds : yellowdolphins.com

Notre site de cœur propose des randonnées de vie : lesoleilenhiver.com

Index

Dépôt légal : décembre 2020
Imprimé en Allemagne par BoD